SABINE FUCHS
ULI HEPPEL

FUCK THE FALTEN

WILD BLEIBEN
STATT ALT WERDEN

INHALT

**Jetzt ist es eh zu spät,
um jung zu sterben.
Jetzt müssen wir es
durchziehen.**

～～～

Als wir, Uli und Sabine, einst in Nürnberg gemeinsam studierten, lagen wir nach langweiligen Vorlesungen oft auf einem unserer Betten und unterhielten uns stundenlang über Schönheitsideale, Berufskarrieren, Träume, Männer, Reisen und unser zukünftiges Leben, das uns in den buntesten Farben entgegenschillerte. Nicht selten endeten diese Gespräche in Gekicher. Eines war klar: Unsere Jugend mussten wir unbedingt auskosten, denn irgendwann wäre der Spaß ja vorbei.

Heute, dreißig Jahre nach unseren 24. Geburtstagen, wissen wir, dass Dinge, die mal einen großen Reiz auf uns ausgeübt haben, sich plötzlich an anderer Stelle in der Prioritätenliste finden. Heute sind Freunde und Familie die wahren Konstanten im Leben. Sie sind da, wenn man sie braucht und wenn es einem schlecht geht.

Wir haben uns verändert. Äußerlich, aber natürlich auch in uns drin. Nur eines ist gleich geblieben: Wenn wir gemeinsam verreisen, liegen wir irgendwann auch wieder auf einem Bett und schmieden Pläne. Keine Idee ist uns dabei zu absurd und auch heute enden unsere Gespräche oft in wilden Lachanfällen.

Der Spaß ist definitiv nicht vorbei, im Gegenteil. Denn: Wir MÜSSEN plötzlich NICHT mehr alles. Wir müssen uns nicht mehr verbiegen – wir müssen erst mal gar nichts! Daran muss man sich gewöhnen. Langsam manchmal. Aber – sie ist definitiv bei uns angekommen, die Freiheit, die uns das Älterwerden schenkt.

In diesem ersten Fuck-the-Falten-Buch können wir nicht alle Themen unseres Lebens abhandeln, deshalb freuen wir uns auf zahlreiche Anregungen, ihr 6 000 000 Babyboomerinnen. Wir diskutieren sie dann gerne auf unserem Blog *www.fuckthefalten.de* (der überhaupt der Ursprung dieses Buches ist) mit euch. Also nur her damit!

Alles ist gut, solange ihr wild seid.

Uli & Sabine

SCANN MICH
MIT DER APP!

Wild und schön

~~~

MIT DEM GEFALLENWOLLEN
IST JETZT SCHLUSS!

W ieso eigentlich nicht?« Ich stehe in der Umkleidekabine meines Lieblingsladens und betrachte mich im Spiegel. Gerade trage ich eine weite Leinenhose und dazu ein überlanges Leinenjackett: Genau die Form von Lässigkeit, die ich persönlich schon immer toll gefunden habe, aber von der ich weiß, dass das andere Geschlecht sie an einer Frau als eher unsexy empfindet. Und genau aus diesem Grund habe ich mir eine solche Kombination auch noch nicht angeschafft. Und weil ich mich in diesem Augenblick so unglaublich wohlfühle, denke ich darüber nach, wieso eigentlich nicht, wo ich den Look doch so klasse finde und mich darin auch so unendlich frei fühle?

Letztlich schenkt mir diese Erkenntnis vor dem Spiegel eine Reflexion auf mein bisheriges Leben. Denn es geht nicht um die Klamotte und es geht auch nicht um die Lässigkeit, es geht um viel mehr – um meine Grundhaltung. Es geht darum, auch durch sein Aussehen und sein Styling zu zeigen, dass man angepasst ist, allen gefallen will, es allen immer recht machen will. Das ist es, was ich sehr lang versucht habe und was mein Leben bislang in weiten Zügen bestimmt hat. Ich bin zwar nicht der typische Jasagertyp, aber mir war es immer immens wichtig, Anerkennung von den »richtigen« Leuten zu bekommen.

Und ich frage mich: Wo kommt es her, dieses Muster. Hat das etwas mit mir persönlich zu tun oder mit meiner

Generation, mit der Erziehung meiner Eltern und mit dem, was mir speziell meine Mutter mit auf meinen Lebensweg gegeben hat?

Dabei bin ich doch eine der Töchter jener Frauengeneration, die als Erstes versucht hat, das klassische Rollenbild vom Heimchen am Herd zu sprengen. Denn diese Frauen mussten den Ehemann noch um Erlaubnis fragen, ob sie eine Arbeit außer Haus annehmen durfte. Die Kinder sollten es nicht nur besser haben, sondern die Töchter selbstständig, möglichst finanziell unabhängig sein und freier leben dürfen.

Sind wir doch nicht so emanzipiert, obwohl wir erfolgreich sind und unsere Frau stehen? Haben wir uns etwas vorgemacht?

Wir Mädchen sollten also einem überholten Lebensentwurf die Stirn bieten und begaben uns auf den bestmöglichen Weg, um uns zu emanzipieren. Erst langsam, in kleinen Schritten und einzelnen Bereichen, aber auf keinen Fall wollten wir angepasst sein. »Selbstverwirklichung« war das Zauberwort. Meiner Mutter war es immer wichtig, dass ich mich auf keinen Fall auf eine bestimmte Frauenrolle festlege, schon gar nicht auf einen Mann, oder dass ich mich in irgendein Zwangskorsett pressen lasse.

So schickte sie mich nach der Schule also erst mal in die Welt hinaus und ich verbrachte ein Jahr als Au-pair in Paris. Vom tiefsten Land in eine Metropole. Die weite Welt stand mir offen und alles sollte mir von jetzt an möglich sein – das war es, was mir von zu Hause mit auf den Weg gegeben wurde und was ich so auch mitnahm.

Ich verhielt mich so – wie meine Mutter es von mir erwartete und wie es schon alle Frauengenerationen vor mir getan haben. Nur mit dem Unterschied, dass wir eine besonders verwirrte waren, weil wir keine wirklichen Vorbilder hatten, sondern nur Aufträge.

Da stand ich nun mit meinem Koffer in Paris und fühlte mich erst mal gar nicht so frei und offen für alles. Denn von null auf 500 hatte ich plötzlich eine fünfköpfige Familie zu managen. Eine Aufgabe, die im zarten Alter von 19 Jahren all meine Vorstellungen überstieg.

Kurz: Ich war völlig überfordert. Nur weil man plötzlich in einem anderen Land und in einer Großstadt wohnt, wird das bisherige Leben ja nicht völlig anders und vor allem nicht leichter und freier. Im Gegenteil. Im Prinzip stapfte ich jetzt in den Fußspuren meiner Mutter, nur mit ein paar klitzekleinen Zusatzschwierigkeiten, die da waren: neues Land, andere Kultur und fremde Menschen, andere Sprache, sehr abenteuerliche und mir unbekannte Kochutensilien, Menüwünsche, die mein Kochrepertoire massiv überstiegen. Und plötzlich die Verantwortung für drei Kinder und einen gesamten Haushalt samt Garten. Die Zugehfrau war kurz vorher entlassen worden, weil sie nicht ordentlich gearbeitet hatte. Und wozu hat man schließlich ein Au-pair-Mädchen. Und da man in dieser Funktion und zu jener Zeit sowieso noch so gut wie keine Rechte hatte, übernahm ich eben brav die Pflichten.

Ich tauschte mein Freies-Töchterchen-Leben gegen das einer Haushälterin mit Familienanschluss ein – das abäär auf Fronsssösisch.

Was ich in dieser Zeit so alles erlebt habe, würde ohne Weiteres ein Buch füllen. Der Morgen begann damals regelmäßig damit, dass das Nachttöpfchen der Kleinsten auf dem Frühstückstisch zwischen Baguette, Butter und Marmelade stand. In ihm steckte die Spülbürste, die ich täglich austauschte. Ich habe es nie geschafft, die Familie diesbezüglich entsprechend zu sensibilisieren oder gar zu disziplinieren. In der Küche flog mir anfangs in schöner Regelmäßigkeit der Cocotte Minute, die französische Schnellkochtopfvariante, um die Ohren und verteilte seinen Inhalt an die Küchendecke.

Oft gab es spontane Essenseinladungen, bei denen plötzlich und unangemeldet 20 Menschen in der Küche standen und verköstigt werden wollten. Vorzugsweise passierte das natürlich genau dann, wenn ich gerade versuchte, die kleine brüllende Tochter des Hauses aus der Badewanne zu zerren. Natürlich sah ich danach aus wie ein begossener Pudel und so fühlte ich mich auch.

Neben den alltäglichen Katastrophen hielt ich das Haus sauber, wusch die Wäsche, bügelte die Sachen von fünf Menschen, holte die Kinder von der Schule, ging selbst in die Sprachenschule, erledigte die Einkäufe und kochte jeden Abend ein Drei-Gänge-Menü. Hab ich noch was vergessen? Ach ja, ich erntete das Obst im

Ich habe dieses Jahr überlebt – irgendwie. Habe mich so gut wie möglich angepasst, war brav und habe die Zähne zusammengebissen.

Garten und kochte Marmelade ein, weil das gutmütige, brave, deutsche Au-pair so ein wunderbares Händchen dafür hatte.

Direkt nach Frankreich begann mein Designstudium. Die Professoren hier hatten durch die Bank Probleme mit Frauen. Entweder versuchten sie, die jungen Studentinnen zu umgarnen, oder sie waren der Meinung, dass Frauen an der Hochschule eher fehl am Platze wären und besser einen Kochlöffel als eine Radiernadel in der Hand halten sollten. Also blieb uns unerfahrenen Studentinnen nichts anderes übrig, als gute Miene zum unschönen Spiel zu machen. Zumindest glaubten wir das. Und groteskerweise setzen wir auch noch alles daran, den Herren zu gefallen und ihre Anerkennung zu erheischen.

Im Berufsleben ging das dann gleich so weiter. Wie oft wurden wir von Vorgesetzten oder Kollegen mit fadenscheinigen Komplimenten bedacht und haben es nicht mal gemerkt, sondern fühlten uns sogar noch geschmeichelt. Ich frage mich heute oft: Wollte ich das damals nicht erkennen oder bin ich letztlich doch einfach wieder nur an irgendwelchen tradierten Mustern gescheitert?

Nein, wir waren einfach nicht wirklich emanzipiert, wir gingen nur davon aus, wir wären es.

Ich dachte, wenn ich immer alles gäbe, immer mehr Überstunden schöbe und Zusatzaufgaben übernehmen würde, bei Anfragen nie Nein sagte und lächelte, wenn ich ein plattes Kompliment serviert bekam, dann musste ich doch gefallen. Dann war ich ganz klar Everybody's Darling. Ich wollte alles und war bereit, auch alles dafür zu tun. Denn das war doch das Versprechen meiner Jugend: alles machen zu können, und zwar frei und ungebunden.

Doch mit diesem Auftrag steckte ich in einer Rolle. Einer Rolle, die ich auch in allen anderen Bereichen so lebte. Nein, nicht bewusst oder gar mit einem Hintergedanken. Es war einfach eine Konsequenz. Egal ob im Freundeskreis oder in der Partnerschaft. Damit ich gefiel, versuchte ich immer, es allen recht zu machen.

Heute frage ich mich: Warum war das so? War mir die Meinung der anderen so wichtig, dass ich dem alles untergeordnet habe? Oder war es vielleicht auch die Angst vor Konflikten oder weil ich dachte, ich werde weniger gemocht, wenn ich nicht zu allem Ja und Amen sage?

Eines Abends saß ich spät noch in meinem Büro und kämpfte mit einem Layout, das mir nicht so von der Hand ging wie gewohnt. Die Kundin wollte es aber auf Biegen und Brechen am nächsten Morgen haben und ich ärgerte mich – vor allem über mich selbst. Denn ich hatte für diesen Abend Karten für ein Konzert, auf das ich mich schon seit Monaten gefreut hatte. Trotzdem ließ ich es sausen.

Kurz vor Mitternacht schickte ich ihr den fertigen Entwurf per Mail. Gerade wollte ich den Rechner herunterfahren, da kam schon eine Antwort – eine Abwesenheitsmail für den kommenden Tag! Sie sei gar nicht im Büro am nächsten Tag! Dafür hatte ich nun also meinen Abend drangegeben und mein Konzert ausfallen lassen. Nur weil ich es mal wieder jemandem recht machen wollte.

Es war an diesem Abend, an dem ich mich fragte: Stelle ich weiter meine eigenen Bedürfnisse immer hintenan, nur um vordergründig gut dazustehen und es meinem Gegenüber recht zu machen? Besteht mein Leben nur aus einer

Ansammlung von To-do-Listen, auf denen die Wünsche und Erwartungen anderer Menschen stehen und die es abzuhaken gilt? Und wo in aller Welt bleibe ich dabei?

Ist es denn überhaupt möglich, dass ich mir treu bleibe, mein Leben lebe und gleichzeitig Teil der Gemeinschaft bin? Denn schließlich wünsche ich mir doch nur das, was sich jeder von uns – bewusst oder unbewusst – wünscht: den Respekt anderer Menschen, Bewunderung und Liebe.

Natürlich würde ich auch in Zukunft Kompromisse machen, aber doch nur so lange, wie ich mich dafür nicht mehr verbiegen muss. Seit diesem verschwendeten Abend im Büro verspüre ich eine echte innere Freiheit. Am Anfang hat mir dieses Gefühl oft auch ein wenig Angst oder Unsicherheit bereitet, aber mit der Zeit habe ich mich daran gewöhnt. Und jetzt genieße ich es sogar! Es hat etwas mit meiner inneren Einstellung zu tun, aber auch mit meinem Verhalten. Denn das hat sich verändert. Es brauchte wohl solche Erlebnisse, bei denen man sich wie vor den Kopf gestoßen fühlte, aber letztlich bestand die Veränderung in einem schleichenden Prozess.

Ich will, dass andere mich okay finden. Geht das denn nur, indem ich versuche zu gefallen? Nicht mehr mit mir!

Am Anfang waren da ganz kleine Schritte, Versuche, in die ich erst einmal reinspüren musste, die sich aber gut anfühlten: ein ausgesprochenes Nein und das Abwarten der Reaktion. Dazu habe ich mir auch ganz genau angeschaut, welchen Menschen in meinem Umfeld ich den meisten Respekt zolle. Das sind die, die kein Blatt vor den Mund nehmen, die ihr Ding machen und die für das stehen, was ihnen wichtig ist. Und die kein Problem damit haben, dass sie dafür nicht immer geliebt werden.

Das alles hat etwas gedauert, aber eines habe ich mir inzwischen klargemacht: Die Welt geht nicht unter, wenn ich mal nicht gefalle, und es ergeben sich dadurch auch nur wenig wirklich schlimme Konsequenzen.

Es ist schlichtweg ein undankbares, anstrengendes und noch dazu unerreichbares Ziel, allen gefallen zu wollen. Und seit mir das klar ist, lebe ich viel entspannter.

Jetzt gehe ich an die Kasse und zahle für meine neue Lässigkeit und frage mich: Ist knitterndes Leinen jetzt für mich Ausdruck meiner unangepassten Persönlichkeit? Denn einer muss ich es jetzt wirklich mal recht machen: MIR! (Uli)

**Ich bin nicht perfekt
und ich arbeite
auch nicht daran.**

BYE BYE BABY –
BYE BYE JUGENDLICHE SCHÖNHEIT

Ich hatte davon gehört. Ich hatte davon gelesen…, dass Frauen ab einem gewissen Alter unsichtbar für das andere Geschlecht werden. Aber für mich war das kein Thema. Ich wusste ja schon immer: »Die Männer meiner Generation sind anders, irgendwie moderner. Die schauen eben nicht jedem Rock hinterher und sind nicht so jugendfixiert.« Außerdem seien mir die Blicke fremder Männer sowieso egal, erklärte ich gerne. Und dass ich selbstbewusst genug sei, um nicht die dauernde Bestätigung des anderen Geschlechts zu benötigen. Im Gegenteil, oft fand ich es nervig, den Blicken von Männern – dann nicht aus meiner Generation – ausgesetzt zu sein. Fühlte mich dadurch belästigt und in meiner Freiheit eingeschränkt.

Und dann passierte es: Ausgerechnet kurz nach meinem 50. Geburtstag. Den verbrachte ich mit meinem Mann und meinen beiden Töchtern in Istanbul. Es war eine Überraschungsreise und die Tage dort waren perfekt. Und genauso fühlte ich mich: Ich hatte das perfekte Leben – und ich fühlte mich einfach angekommen. Eingerahmt von meinen blonden Mädchen schlenderte ich noch

Tschakka, schönes Geburtstagsgeschenk – ich war mit meinem halben Jahrhundert tatsächlich unsichtbar geworden.

ganz beseelt von den tollen Tagen, die wir gemeinsam verbracht hatten, über den Flughafen. Auf einmal bemerkte ich: Jeder Männerblick, der unser Dreiergespann traf, galt eindeutig nicht mir, sondern entweder meiner 18-Jährigen Tochter zur rechten Seite oder dem 15-Jährigen schönen Kind an meiner linken Hand.

Wahrscheinlich aber, so redete ich mir schnell ein, waren die südländischen Männer einfach anders und auf das rare Naturblond im eigenen Land konditioniert und der Flughafen Sabiha Gökcen hier im Orient war nicht unserem aufgeschlossenen Westeuropa mit seinen modernen Männern vergleichbar. Auch tröstete mein Mutterstolz mein leicht angeknackstes Selbstbewusstsein.

Zurück in München begann ich von da an gierig Komplimente zu sammeln. Das erste Mal in meinem Leben achtete ich nun ganz bewusst auf Männer, die mich (noch) beachteten. In Zeitschriften fiel mein Blick beim Durchblättern nur noch auf Frauen um die 50. Und ich bewertete. Dachte darüber nach, ob Andie McDowell noch attraktiv sei. Überlegte mir, ob ich so sichtbar altern wollte wie Helen Mirren.

Die Jugend sei an die Jugend verschwendet, hat der englische Dichter Oscar Wilde geschrieben. Er hat der jugendlichen Schönheit in seinem Roman *Dorian Gray* ein Denkmal gesetzt. Tatsächlich kann ich mich an nicht ein Kompliment erinnern, obwohl ich in jungen Jahren zweifellos welche bekommen habe. Dafür kann ich mich an das Entsetzen erinnern, als ich das erste Mal Dehnungsstreifen an meinem Po entdeckt habe. Ich erinnere mich an teure Cremes, für die ich daraufhin unglaublich viel Geld ausgegeben habe. Nicht erinnere ich mich dagegen an Strandbesuche, an denen ich meinen schönen Körper gerne im

Bikini gezeigt habe. Ich erinnere mich aber daran, dass ich den Sommer und Bikinis hasste, denn ich fand meinen Busen zu klein und mich zu dick. Und ich erinnere mich an viele unglücklich verbrachte Abende vor dem Spiegel, an denen ich mein Gesicht Zentimeter für Zentimeter nach Pickeln und Mitessern absuchte.

So viel Energie, die ich investiert habe, irgendeinem Schönheitsideal zu entsprechen. So viel verschwendete Lebenskraft.

Wenn ich mir heute Fotos von damals ansehe, sehe ich eine junge hübsche Frau. Keine klassische Schönheit, aber dafür besonders. Wie schade, dass ich mich damals nicht so sehen konnte.

Eine Professorin aus meinem Designstudium fällt mir ein. Als es in einer Vorlesung um den Schönheitsbegriff geht, erklärt sie uns, es sei ihr von Jugend an klar gewesen, dass sie aufgrund ihres Aussehens nie attraktiv auf Männer wirken würde. Dass sie diese Tatsache aber schon mit dreißig als Freiheit empfunden hätte. Denn sie musste sich keine Gedanken darüber machen, ob sie jemals »gut genug« aussehen würde. Nie. Während ihre Freundinnen dann über erste Falten jammerten, konnte sie sich entspannt zurücklehnen und sich um ihre Kunst kümmern. Für mich als junge Studentin war das ein völlig absurder Gedanke: Nicht gut auszusehen sollte mich zu einem freieren Menschen machen...?

»Warum gehen wir Frauen davon aus, dass uns Sichtbarkeit einen Platz in der Gesellschaft geben könnte, wenn dem so wäre, dann wären viele mächtige Positionen von jungen Frauen besetzt. Aber da sind keine…«, schreibt Margarete Stokowski in ihrem Buch *Untenrum frei*. Tatsächlich sehe ich rückblickend meine Attraktivität als Nachteil für meine berufliche Karriere an. Es mag schon sein, dass in einer männerdominierten Berufswelt das gute Aussehen von Mitarbeiterinnen tatsächlich ein Türöffner ist. Aber sind wir durch die Tür erst mal durch, brauchen wir sehr viel Energie, Chefs davon zu überzeugen, nicht nur ein vorzeigbares Wesen zu sein, das in der Lage ist, die männlichen Vorgesetzten zu unterstützen. Sondern dass wir trotz eines hübschen Äußeren sehr wohl eigene Ideen haben.

Deshalb frage ich mich heute: Will ich überhaupt noch gefallen? Der *Focus* schlägt mir aus gegebenem Anlass würdevolles Altern vor, erkennbar an: gediegenem Outfit, dezentem Make-up, damenhaftem Auftreten. Und macht sich in dem Beitrag lustig über Nena, Madonna oder Demi Moore, für die eine Art »Junge Frau 2.0« die Lösung sei. Mache auch ich mich lächerlich, wenn ich auf alles pfeife, was die Frauengenerationen vor mir gelebt haben? Ab spätestens 40 graumausig und unscheinbar werden und von der Bildfläche verschwinden.

Soll ich meine Doc Martens jetzt eintauschen gegen Loafers? Trägt Sabine 2.0 nun Perlenkette, Kostüm und halbhohe Pumps?

Das passt aber so gar nicht für mich. Ein bisschen erinnert mich deshalb diese Zeit an die Pubertät: Da war ich nicht mehr Kind, aber auch nicht erwachsen. Heute bin ich nicht mehr jung, aber irgendwie auch noch nicht alt.

Meine Tochter findet ein Schwarz-Weiß-Foto von mir: ich in ihrem Alter. Sie ist begeistert: »Mama, wie hübsch du warst.« Kurz fühle ich Bedauern. Bedauern darüber, dass mein Kind in mir heute nicht mehr die Schönheit sehen kann, die ich immer noch wahrnehmen kann, wenn ich morgens in den Spiegel schaue.

Und dann denke ich wieder daran, dass auch ich diese Schönheit früher gar nicht wahrnehmen konnte. Auf einmal ist dieses Unbehagen wieder da. Der Schmerz, den ich empfunden habe, als ich das Foto aus dem Fotobad herausgefischt habe. Das sollte ich sein? Das Mädchen mit Doppelkinn und verunglückter Dauerwelle, war das wirklich ich? Ich war damals 19 und das Bild hatte der Dozent eines Fotokurses aufgenommen. Ich spüre noch heute die Scham, als ich das Porträt im Kurs an die Pinnwand hängen musste. So hässlich fand ich mich darauf. Trotzdem war es unmöglich, das Foto einfach mal eben verschwinden zu lassen, hatte es doch der Lehrer gemacht. Und der sah vermutlich meine jugendliche Schönheit, die ich damals partout nicht erkennen konnte.

Hätte ich doch all die Kraft, die ich in ein besseres Selbst durch mein besseres Aussehen gesteckt habe, für mein inneres Wachstum verwendet.

Bald steht wieder ein Abiturtreffen an. Alle zehn Jahre finden diese Zusammenkünfte statt. Es wird jetzt wohl das erste Mal sein, dass wir uns tatsächlich gealtert wiederbegegnen. Mit Falten und teilweise auch ergraut. Das letzte Mal haben die Männer uns noch mit Komplimenten überhäuft: Wie unglaublich gut wir Frauen noch aussähen und dass man uns die Jahre gar nicht ansehen würde. Wenn wir uns alle in diesem Jahr erneut begegenen, werden diese Lobeshymnen vielleicht ausbleiben.

Es gibt eben für alles ein erstes Mal.

Ich bin mit meiner 19-Jährigen Tochter Joggen im Wald. Vor uns gehen drei Männer nebeneinander und blockieren den Weg. Als sie uns hören, machen sie Platz. Meine Tochter bittet mich, hinter ihr herzulaufen. Im Vorbeilaufen sehe ich, wie sich die Blicke der Spaziergänger an den Po meines Mädchens heften.

Nun kann ich etwas tun, was nur möglich ist, wenn man schon auf dem Weg ins letzte Lebensdrittel ist. Gefühlt breite ich also meine Fittiche aus und genieße es, dass meine Rückseite diese Männer jetzt gleich ernüchtern wird. Ich begreife: Mit dem Abschied von meiner jugendlichen Schönheit habe ich tatsächlich auch ein großes Stück innere Freiheit gewonnen. Ich muss heute einfach nicht mehr einem besser aussehenden Bild von mir entsprechen.

Ich kann anziehen, was ich will, aussehen, wie ich will. Hauptsache, es geht mir gut damit. Ich bin so frei.

»Wir sind ein Wunder, doch behandeln uns wie ein Produkt. Und sind enttäuscht, weil jeder nur auf unsere Packung guckt«, rappt Käptn Peng. Ich muss keine Verpackung mehr sein.

Und so ist mir zum ersten Mal in meinem Leben meine Packung nicht mehr so wichtig. Dafür sehe ich das Wunder, das jedem von uns geschenkt wurde. Ich bin meinem Körper und meinem Gesicht einfach nur dankbar. Dankbar dafür, dass sie mich zu der Person gemacht haben, die ich heute bin.
(Sabine)

**Heiligenschein
hatte ich schon.
Steht mir nicht.**

~~~

SHOULD I GREY OR SHOULD I NOT?

Irgendwann im Frühling, es muss Anfang der 80er-Jahre gewesen sein: Im Fernsehen läuft eine Talkshow mit der Burgschauspielerin Erika Pluhar. Meine Schwester und ich, beide im Teenageralter, sitzen vor dem Fernseher und sind uns einig: »Diese Frau ist wirklich cool.« Die Pluhar trägt das Haar grau und lang und wir finden, sie sieht klasse so aus. Dann geraten wir ins Schwärmen darüber, wie toll das erst mal werden wird, wenn wir einmal so alt sind. Und wie selbstverständlich wir dann unser Haar genau so ergrauen werden lassen.

Mit im Wohnzimmer sitzt unser Vater und liest Zeitung. Nur kurz schaut er auf und kommentiert: »Diese Frau sieht aus wie eine alte Hexe.« Tatsächlich war die Feministin Erika Pluhar damals für viele ein rotes Tuch. Es habe Zeiten gegeben, da hätten Männer auf Empfängen ihren Frauen verboten, mit ihr zu sprechen, sagt sie selbst rückblickend.

Frühling 2014, 33 Jahre später: Unser Vater ist vor wenigen Wochen gestorben, ich bin unendlich traurig und ziehe mich in meine geliebten Berge zurück. Ich bin alleine auf einer Hütte. Hier will ich in Ruhe trauern. Mein Blick in den Spiegel beim Zähneputzen fällt auf tieftraurige Augen, Augenringe vom vielen Weinen und – einen deutlich sichtbaren grauen Haaransatz. Mein Friseur hatte mir vor einiger Zeit geraten, das Färben sein zu lassen. Doch auf einmal ist mir klar: Ich kann nur dann wieder in mein Leben vor meiner Traurigkeit zurückkehren, wenn ich wieder färbe! Ich fahre sofort zum nächsten Drogeriemarkt. Ich will nicht, dass man sieht, wie es mir geht.

Trotzdem, obwohl auch ich selbst damit erst mal die Chance vertan habe, mit meiner Haarfarbe ein Zeichen zu setzen, faszinieren mich weiterhin die Frauen, die durch ihr graues oder weißes Haar signalisieren: »Schaut her, ich werde alt und ganz offensichtlich stehe ich dazu. Seht mir ruhig dabei zu.«

Mein gewohntes Hellbraun übertüncht nicht nur meinen Haaransatz, sondern auch meine tiefe Trauer. Da bin ich wieder.

Einen Artikel über Yazemeenah Rossi zu dem Thema, für mich »the sexiest grey-haired woman alive«, sauge ich geradezu auf, aber eine innere Stimme sagt mir: *Ich bin noch nicht dazu bereit, mein Alter so offen zu leben.*

Dabei befinde ich mich mit meinen zu diesem Zeitpunkt 49 Lebensjahren wunderbar im Durchschnitt. Eine 50-zu-50-Regel besagt: 50 Prozent aller Menschen haben im Alter von 50 Jahren 50 Prozent graue Haare auf dem Kopf. Aber wo ist dieser Durchschnitt? In meinem Freundinnenkreis ist er zumindest im Jahr 2014 noch nicht sichtbar: Alle sind entweder blond, braun, honigblond oder rothaarig.

Über das Haarefärben wird nicht kontrovers gesprochen. Es ist normal, es zu tun. Man kann es mit Zähneputzen vergleichen.

Im Frühling 2017 stelle ich durch eine Erkrankung mein Leben infrage. Ich beginne damit, gesünder und bewusster zu leben, ernähre mich von Bioprodukten, meditiere regelmäßig und versuche so wenig Plastik wie möglich zu verwenden … Nur landet weiterhin in mittlerweile zweiwöchigem Abstand Chemie auf meinem Kopf, was mich wieder zu der Frage bringt: »Wie lange will ich noch färben?«

Aber gerade jetzt, wo mein Leben einer Jolle gleicht, die sich in tosenden Wellen kaum über Wasser halten kann, will ich mich nicht noch angreifbarer machen, als ich es durch die Krankheit schon bin.

Durch unseren Blog bin ich in dieser Zeit allerdings viel auf Instagram unterwegs und auf einmal tauchen sie überall auf: die wahnsinnig coolen, lässigen Frauen, die unter #goinggray ihr weißes Haar präsentieren. Wir sind mit Fuckthefalten unter dem Hashtag 50plusandfabulous unterwegs und scheinbar weiß der Logarithmus von Instagram besser über mein Seelenleben Bescheid als *So schnell werde ich wohl nicht zu den coolen Weißhaarigen gehören. Ich bin einfach noch nicht so lässig und selbstbewusst.* ich selbst, denn ständig werden mir Blogs angezeigt, die nur dieses Thema zum Inhalt haben …

Zeitgleich kommt der Granny-Look in Mode: Junge Mädchen lassen sich in aufwendigsten Farbprozeduren ihr Haar grau färben. Grau wird in der Modewelt als cool gefeiert – bei jungen Frauen.

Während eines Meetings zupft ein Kollege ein Haar von meiner Strickjacke und erkundigt sich belustigt: »Sag mal, ist dieses weiße Haar etwa von dir?« Ich merke, wie ich mich innerlich angespannt darauf vorbereite, mich zu rechtfertigen.

Denn ich will gerne weiterhin mein Alter verstecken, will mich nicht aufs grauhaarige Altenteil begeben. Ich färbe also erstmal weiter.

Zum Jahreswechsel 2018 bin ich wieder mal bei meinem Friseur. Und wieder ermutigt er mich: »Wenn es dir too much wird, dann können wir immer noch Strähnchen färben. Du wirst fantastisch mit deiner natürlichen Haarfarbe aussehen.«

Irgendwann in diese Zeit fällt dann auch mein zweites Coming of Age: Irgendetwas in mir ruft nach mehr Authentizität. Auf einmal spüre ich: Ich will mein Alter jetzt nicht mehr verstecken. Warum auch? Es geht mir nicht mehr darum, immer jünger auszusehen und dadurch schöner zu werden, sondern ich beschließe, dass ich älter werden kann UND schön bleiben darf.

Auf Instagram entdecke ich Sophie Fontanel, ehemalige Modechefin der französischen *Elle*, die in ihrem Stream ihren »Grauwerdeprozess« dokumentiert. Aber ich sehe auch, dass sie damit eine Menge Kritiker auf den Plan ruft. Die sechs Jahre ältere Inès de la Fressange, für mich eine der Stilikonen unserer Generation, kommentiert ein Bild von Sophies zweifarbigen Haaren mit den Worten: »Follower der ganzen Welt, haltet sie davon ab #Ideeabsurde.«

Auch ich bin ab sofort den Kommentaren von Freundinnen ausgesetzt, obwohl ich mich nicht komplett der Zweifarbigkeit hingebe. Ich bin nicht so mutig wie Sophie und viele andere Frauen, die unter #grombre ihre Zebrahaare online stellen. Ein Leben mit Kante in den Haaren scheue ich.

Aber mein Friseur macht es mir etwas leichter. Färbt mir Strähnen. Bis der Übergang zumindest um zehn Zentimeter rausgewachsen ist.

Es folgt noch eine kurze Phase des Zweifelns, doch dann stelle ich mich also dem Übergang. Transition, Übergang oder Umbruch, so heißt auf Englisch das Rauswachsen der künstlichen Haarfarbe. Und genau dafür steht für mich auch diese Zeit: Ich befinde mich im Umbruch. Und das spiegelt mein Haar jetzt wider. Ich kann endlich so sein, wie ich bin, und das will ich jetzt auch.

Auf einmal spüre ich es: Mein Haar ist Ausdruck dafür, dass ich mich nicht mehr gesellschaftlichen Konventionen unterwerfen will. All die Energie, die ich im Alter zwischen 40 und 50 Jahren in ein jüngeres Aussehen gesteckt habe, habe ich jetzt für mich. Für neues Lernen, auch über mich selbst.

Oder wie Sophie Fontanel in ihrem Buch *Glücks-strähnen* schreibt: »Sobald

Grau ist für mich nicht mehr nur eine Farbe, sondern es ist ein Ausdruck meiner Haltung. Ich fühle mich frei.

es dir nichts mehr ausmacht, was andere über deine eventuelle Schönheit oder verflossene Jugend denken könnten, wird das Paradies auf Erden möglich.«

Beim 79. Geburtstag meiner Mutter im September bin ich die Jüngste am Tisch – und die Einzige mit grauen Haaren oder zumindest mit einem deutlich sichtbaren Ansatz. Meine Tischnachbarin bringt ihre Meinung dazu ganz direkt auf den Punkt: »Ach geh, du siehst doch noch so jung aus. Warum willst du dir das antun?« Tja, der Satz

»Graue Haare machen älter« ist genau richtig, denn ich bin ja nun mal älter geworden. Überzeugen will ich niemanden mit meiner Haarfarbe, mich für mein neu erwachtes Selbstbewusstsein rechtfertigen aber auch nicht. Ich bin weder pro graue Haare noch gegen Färben.

Ich bin dafür, dass zukünftig alle Frauen einfach mit der Haarfarbe alt werden dürfen, wie sie das wollen, ohne dass andere sich bemüßigt fühlen müssen, es zu kommentieren.

Eine Woche nach dem Geburtstag meiner Mutter besuche ich meinen Onkel im Krankenhaus. Auch er mustert meinen Haaransatz – kritisch, wie ich meine – und fragt: »Und du, willst du jetzt grau werden?« Und noch während ich mir eine – wie ich meine – für ein Mitglied dieser älteren Generation passende Antwort überlege, sagt er: »Gut so, es wird dir stehen. Wieso denken eigentlich Frauen, dass sie mit gefärbten Haaren jünger aussehen?«

Im April 2019 bin ich wieder bei meinem Friseur. Inzwischen habe ich nur noch bei ungünstigem Licht einen Ansatz, meine Haare zeigen jetzt durch und durch graue Strähnen. Neben mir sitzt eine Frau mit Alupackung auf dem Kopf und hört sichtlich interessiert meinem Friseur und mir zu. Auf einmal unterbricht sie unser Gespräch über meine grauen Haare und sagt: »Wissen Sie, wenn ich Ihre lässige Mischung an Farben hätte, dann würde ich auch schon lange nicht mehr färben. Aber ich wäre ja ganz weiß.«

Komisch, genau das wäre ja eigentlich ich gerne geworden. Aber scheinbar bin ich erst an einem anderen Punkt in meinem Leben gelandet.

Ich weiß inzwischen, wie sehr das Äußere das Innere eines Menschen widerspiegelt. Wer aufhört zu färben, nicht weil es hip ist, sondern weil es einer inneren Haltung entspringt, der wird dafür mit den tollsten Haarfarben belohnt. Denn es gibt viele Shades of Grey. Nicht mehr zu färben ist weder ein Modetrend, noch ist es cool.

Es ist Akzeptanz. Und die gibt es ja bekanntlich auch in den verschiedensten Nuancen.
(Sabine)

**Der Lack ist zwar ab.
Aber ich mag
meine Grundierung.**

DER JO-JO-EFFEKT IN MEINEM KOPF

Sabine sagt immer, es gäbe zwei Typen von Frauen. Die, die in ihrer Jugend immer darüber gejammert haben, dass ihr Busen zu klein sei – und jetzt, 30 Jahre später, aber sehr froh darüber sind. Denn kleiner Busen heißt in dem Fall meist auch eine schlanke Figur.

Und dann die anderen, die früher von den anderen Mädchen um ihren Busen beneidet wurden, weil der einfach sexy war und … tja, das sind aber eben die, bei denen sich mit zunehmendem Alter die »weiblichen Rundungen« konsequent auch am übrigen Körper durchgesetzt haben, vom sichtbaren Gesetz der Schwerkraft ganz zu schweigen … Wie nennt Sabine die beiden Arten immer? »Typ Ziege« und »Typ Kuh«. Es gibt aber auch noch einen dritten Typ … Ich bin ganz klar Typ Kuh. Wobei ich sagen muss, dass ich meinen Busen früher wie heute total in Ordnung finde. Und um es mal vorwegzunehmen, ich bin sicher nicht »dick« im Sinne von dick. Wenn ich diesbezüglich mein Umfeld befragen würde, käme als Antwort wahrscheinlich »normal« mit weiblichen Rundungen.

Aber so ist das mit der Wahrnehmung: Die eigene ist nun mal eine andere wie die der anderen.

Und keiner käme darauf, dass ich Gewichtsprobleme gehabt habe, jahrelang.

Das erste Mal, als ich mir meiner vermeintlichen Figurprobleme bewusst – oder sagen wir, auf sie aufmerksam gemacht – wurde, war ich zehn oder elf Jahre alt. Fräulein Bertram war meine Ballettlehrerin und ehemalige Tänzerin, also von Haus aus »Typ superschlank« und total reizend bis zu dem Tag, an dem sie spröde zu mir sagte, meine Oberschenkel würden bei manchen Etüden wohl etwas sehr aneinanderreiben. Ich solle mal weniger Süßigkeiten essen, meine Battements würden mir dann leichter fallen.

Nun fand ich meine Battements bis dahin völlig luftig und leichtfüßig und meine Oberschenkel total normal. Wahrscheinlich waren sie es auch, denn ich war noch nie ein Fan von Süßigkeiten. Außerdem hatte ich auch nie die Ambition geäußert, in den Corps des Bayerischen Nationalballetts aufgenommen oder gar Primaballerina zu werden. Ich hatte bis dahin einfach nur Spaß am Spitzentanz.

Aber bähhhm, da war es nun, dieses Urteil, auf das ich anfangs nur trotzig und dann aber irritiert reagiert habe. Trotzig, weil ich dachte: »Gut, dann esse ich halt jetzt gar nichts mehr«. Und irritiert, weil ich ab diesem Zeitpunkt damit anfing, jedes Nahrungsmittel kritisch auf seinen Energiegehalt zu überdenken, bevor ich es mir in den Mund schob. Der Beginn einer fast lebenslang andauernde Angewohnheit.

Ich habe oft darüber gegrübelt, was ein so dahingesagter Satz mit einem Kind machen kann. Gerade bei einem jungen, unsicheren, heranwachsenden Mädchen, das erst noch nach seiner Richtung sucht und nach dem Körper, in dem es sein will und sich wohlfühlt.

In dieser Zeit der Vorpubertät sind wir so sensibel und empfänglich für jeden Einfluss und Kritik von außen. Das hat sich in den letzten Jahrzehnten noch gesteigert und zugespitzt. Durch Fernsehshows, Magazine und die sozialen Medien wird das Erreichenwollen eines vermeintlichen Schönheitsbilds unter jungen (und auch älteren) Mädchen und Frauen immer mehr zum Lebensinhalt.

Noch nie gab es so viele essgestörte junge Menschen, die sich entweder runterhungern oder nach dem Essen die Seele aus dem Leib kotzen.

Gut, als ich elf war, gab es noch keine sozialen Medien, aber eine Ansage der verehrten Ballettlehrerin hatte sicher ähnliche Auswirkungen wie heutzutage ein kritischer Kommentar von Heidi Klum an ihre Mädchen. Fräulein Bertrams Urteil hat mich für mein Körpergewicht sensibilisiert und ich vermute, es hat in mir eine lebenslange Daueraufgabe losgetreten – die des Strebens nach dem perfekten Körper.

Man stelle sich vor: Hätte ich diese Ballettstunde verpasst, wer weiß, wie mein Leben verlaufen wäre?

Ich bin mir allerdings auch sicher, dass ich ohne diese Ansage auch nicht völlig aus den Nähten geplatzt wäre. Denn als Mitglied der Babyboomer-Generation habe ich meine gesamte Freizeit draußen verbracht, bin permanent herumgerannt, geklettert, geschwommen, habe sämtliche Sportfeste mit Bravour gemeistert und habe meist auch nur dann gegessen, wenn ich Hunger und vor allem Zeit dazu hatte. Süßigkeiten gab es bei uns nicht in dem Überfluss wie heute und waren eher die Ausnahme. Wir hatten eine völlig entspannte Einstellung zum Essen und das war eine gute Basis für die gesunde Entwicklung eines jungen Körpers.

In diesem Sommer, in dem ich wegen meiner Oberschenkel getadelt wurde, ging es los, dass ich nicht mehr so unbeschwert ins Schwimmbad gegangen bin wie all die Jahre zuvor. Ich stellte mich nicht mehr einfach auf das Dreimeterbrett und sprang ins Wasser, ohne mir Gedanken zu machen, wie das wohl aussähe. Vielmehr zog ich jetzt immer den Bauch ein, wenn ich im Bikini umherlief. Auch dieses Verhalten hat sich über die Jahre in mir manifestiert.

Egal, ob ich später zeitweise eher dünn war oder mal mehr auf den Rippen hatte: Es war ein Reflex, eine Sache, die automatisch läuft, wie atmen. Bikini = Luft anhalten, Bauch einziehen. Wenn ich so nachdenke, gab es in meinem Leben nur eine Zeit, in der ich den Bauch in Badekleidung nicht eingezogen habe, und das war, als ich ihn nicht einziehen konnte – in meiner Schwangerschaft.

Mein Figur-Selbstoptimierungsprogramm lief nun auf Autopilot. Ich war zwar ein normalgewichtiges Kind und eine ebensolche Jugendliche, aber die Vorstellung, dass ich zu dick sei, hatte sich schon fest in meinem Kopf manifestiert. Und sie fraß sich weiter fest, wie ein Virus. So richtig kann ich mich nicht mehr daran erinnern, wann ich meine erste richtige Diät gestartet habe. Aber ich glaube, es war während meiner Studienzeit. Auf alle Fälle habe ich sie sehr konsequent mit sehr großem Erfolg durchgezogen: Ich nahm in 30 Tagen fünf Kilo ab. Das ist ziemlich viel für eine normalgewichtige junge Frau.

Die Wirkung der Radikalkur war so tief greifend, dass sich mein Stoffwechsel das für immer gemerkt hat. Ich bin mir sicher, er dachte an Hunger und Krieg und arbeitete nur noch auf Sparflamme. Als ich nach der Diät wieder normal aß, behielt mein Körper erst mal alles an sich, damit er bei den nächsten Hungerkatastrophen eine ordentliche Notration vorrätig hätte. Bis heute schaltet er sofort auf Sparflamme, sobald mein Gehirn das Wort Diät auch nur denkt.

Den Diäterfolg, den ich als Studentin hatte, konnte ich in dieser Form nie wiedererlangen. Wobei ich wirklich eine ganze Reihe von vielversprechenden und auch weniger vielversprechenden Diäten ausprobiert habe. Wenn ich zurückdenke, war mein Körper eigentlich einem ständigen Jo-Jo-Effekt ausgesetzt. Trotzdem bin ich glücklicherweise nie so richtig auseinandergegangen, dafür habe ich immer zu viel Sport gemacht und letztendlich auch immer auf die Kalorien geschaut. Ich bin nicht der Typ, der sich abends hemmungslos eine Tafel Schokolade am Stück reinziehen kann. Zum einen schmeckt mir das gar nicht wirklich und dann hätte ich auch immer ein viel zu schlechtes Gewissen. Aber das Thema Essen hat immer einen immens großen Stellenwert für mich gehabt und leider habe ich oft Essen und Genuss mit einem schlechten Gewissen verbunden.

Irgendwann schlug mir mein Körper oder besser gesagt meine Schilddrüse ein Schnippchen. Sie sorgte nämlich dafür, dass mein lang und mühsam angelerntes Schlankheitskopfkino plötzlich praktisch über Nacht nicht mehr so ablief, wie ich es gewohnt war. Denn plötzlich wog ich trotz gleichbleibenden Essverhaltens und gleichen Bewegungskontos fünf Kilo mehr. Zuerst war mir das ein völliges Rätsel und es ratterte der übliche Mechanismus in meinem Kopf los. »Du musst jetzt sofort eine Diät starten«, was ich natürlich in gewohnter Weise auch tat. Das Resultat: 0! Absolut 0,0 Gramm Gewichtsverlust!

Meine Ärztin servierte mir dann nach einem Bluttest die niederschmetternde Nachricht: »Sie können gar nicht abnehmen, weil Ihre Schilddrüse in einer massiven Unterfunktion ist.« Ja, und was heißt das nun? »Wir stellen Sie jetzt mal medikamentös ein und dann wird sich alles wieder einpendeln.« Gesagt, getan. Wir experimentierten also eine ganze Weile mit Schilddrüsenhormonen herum, bis ich angeblich »optimal« eingestellt war. Und was passierte mit meinen fünf zusätzlich gewonnenen Kilos? Nix – gar nix! Sie purzelten nicht einfach so wieder herunter.

Zum Glück purzelten sie auch nicht noch weiter nach oben, was mir Freundinnen mit ähnlichen Beschwerdelagen düster prophezeit hatten. Trotzdem ist es ungerecht: »Typ Ziege« hätte eine zu lahme Schilddrüse wahrscheinlich gar nichts ausgemacht. Im Gegenteil, »Mähhähhäh«, hätte sie jetzt auch noch Komplimente über ihr gesünderes Aussehen und ihre schönen vollen Wangen bekommen.

Trotzdem veränderte sich durch die Diagnose etwas in mir. Ich hatte plötzlich keine Lust mehr, mir unrealistische Diätziele zu stecken. Vielleicht, so habe ich mir gedacht, will mir meine Schilddrüse genau das sagen: »Hör endlich auf, dich zu kasteien, und lass die Finger davon, gegen irgendwelche Kilos anzukämpfen. Und zwar jetzt!« Das war wie ein kleiner Befreiungsschlag.

Ich schaffte es tatsächlich, das Thema loszulassen. Nicht einfach so natürlich. Aber langsam, Stück für Stück, konnte ich mich davon befreien.

Wenn ich heute mal wieder einen kurzen Anflug von »Diätwahn« habe, versuche ich erst mal daran zu denken, wie stolz ich auf meinen Körper sein kann. Es gibt so viele Ereignisse in meinem Leben, in denen genau dieser Körper so unglaublich toll funktioniert hat. Ich habe mir vorgenommen, ihn nicht weiter mit blödsinnigen Diäten zu quälen.

Eines der tief greifenden Erlebnisse, die mir hier auch weitergeholfen haben, war meine Schwangerschaft und die Geburt meines Sohnes. Schon alleine dafür zolle ich ihm meine Dankbarkeit. Aber natürlich auch für vieles mehr.

Auch dafür, dass er jeden Tag auf wundersame Weise seinen Dienst verrichtet. Letztendlich ist es nur der Jo-Jo-Effekt in meinem Kopf, den es zu bändigen gilt.

Keine von uns weiß, was sie erwartet oder was noch auf sie zukommen wird. Jeder Tag bringt neue Aufgaben und Herausforderungen für mich und meinen Körper. Er muss aufstehen, sich bewegen, denken, arbeiten, essen, trinken, fühlen und sich nachts wieder regenerieren – solange ich lebe. Und ich muss diese Herausforderungen annehmen und lernen, damit umzugehen. Dabei spielt es keine Rolle, ob ich nun ein paar Kilos zu viel auf der Waage habe, ob sich die Orangenhaut an den Oberschenkeln nun endgültig durchgesetzt hat, die Muttiarme winken oder ich hin und wieder mal das Fitnessstudio schwänze und mir dafür am Abend noch ein Stück Käse in den Mund schiebe und ein Glas Rotwein dazu trinke.

Das Schöne ist doch: Alter befreit und wir sollten die Zeit der ewigen Selbstzweifel einfach hinter uns lassen und einen Weg finden, der zu uns und unserem Leben passt.

Ich habe mit meinem Körper deshalb endlich Frieden geschlossen und versuche das zu tun, was mir und ihm guttut. Ohne Reue und schlechtes Gewissen. Keine weiteren Diäten – stattdessen habe ich meine Ernährung umgestellt und an meine Bedürfnisse angepasst. Das klappt aber nur, weil ich nicht mehr so streng bin mit mir.

Mein Körper hat es verdient, dass ich ihm mit Achtung begegne und nett zu ihm bin, und ich sollte ihn nicht wegen ein paar Gramm zu viel quälen. Mit dieser Einstellung hat auch mein Körper mit mir Frieden geschlossen.

Und plötzlich hat sich das Jo-Jo einfach selber aufgerollt. (Uli)

Und als ich auf der Waage stand, wurde mir klar: Wer ein Herz aus Stahl, Nerven wie Drahtseile und einen Charakter aus Gold hat, kann ja gar nicht weniger wiegen.

SCANN MICH
MIT DER APP!

Allein in der Wildnis

ALLES MIESE ZUM MUTTERTAG

Als ich jung war, war ich immer ganz groß darin, für andere in Krisenzeiten Lebenshilferezepte zu entwickeln. Denn irgendwie habe ich immer gedacht, wenn man nur strukturiert genug vorgeht, lässt sich jede Katastrophe, Krise oder Krankheit managen. Ich war ja so erfolgreich im Katastrophenmanagement…

Und dann, zapp und ohne Vorwarnung, war sie da: meine eigene Krise. Von Struktur nicht die Spur. Dafür spielten meine Gefühle verrückt: Kein Himmel mehr über mir und auch das Unten fühlte sich nicht mehr wie der Boden an, auf dem ich stehen konnte. Der war einfach weggezogen.

Von einer Sekunde auf die andere befand ich mich auf einer Extrem-Achterbahn mit 18 Loopings. Bitte einsteigen!

2017, am Abend vor dem Muttertag, 23 Uhr: Ich sitze in der Notaufnahme einer Münchner Augenklinik. Auf dem linken Auge sehe ich nur noch die Hälfte, die andere ist – schwarz. Wie eine Bildstörung am Computer.

Beunruhigt bin ich nicht, denn ich habe seit Tagen eine Bindehautentzündung und denke, mein Auge ist gestresst. Mitternacht, Muttertag Eve: Eine sehr junge Ärztin ruft mich ins Behandlungszimmer und stellt ihre Diagnose: »Sie haben entweder ein raumforderndes Ereignis im Kopf oder Sie hatten einen Schlaganfall…«

Auf meine Frage, ob es nicht doch noch etwas anderes sein könne, meint sie: »Ja, eine Sehnerventzündung – aber die geht dann oft auf beide Augen.« Meine Nachfrage, ob sich so ein Sehnerv erholen könne, beantwortet sie mit einem knappen, sehr bestimmten: »Nein.« (Vielleicht hatte sie in ihren Vorlesungen nicht aufgepasst. Aber was diese Ärztin auf jeden Fall mit Sicherheit NICHT wusste, war, wie man mit einem frisch halb erblindeten Menschen richtig umgeht.)

Bäääääähmmmm.

So lande ich mitten in der Nacht in der Universitätsklinik. Wow, so schnell kann es also gehen. Schluss mit lustig. Immerhin war ich am selben Tag noch in Leipzig, bis vor zwei Stunden auf einem Brian-Ferry-Konzert und danach wollte ich auf einem 50. Geburtstag feiern.

Die Ärzteodyssee, die auf diese Nacht folgte, erspare ich uns. Nur so viel: *Bis dato hatte ich immer Vollgas gegeben, ohne Rücksicht auf mich und meinen Körper.* Eine klare Diagnose für das Geschehen damals gibt es bis heute nicht. Die Achterbahnfahrt, die ich ab jetzt unfreiwillig unternahm, hatte es auf jeden Fall in sich.

Trotzdem bin ich dem tiefen Tal der Tränen, in dem ich irgendwann gelandet bin, wieder entkommen. Wie? Das weiß ich im Nachhinein sehr genau.

Meine Liebe zu diesem tollen Leben war das, was mir damals am meisten geholfen hat.

Phase 1:
Ich wollte, dass alles so weitergeht wie bisher, mir nicht eingestehen, dass ich krank war. Also gleich am nächsten

Wochenende wieder zum Bergsteigen gegangen. Beim Runtergehen festgestellt, dass einäugig das räumliche Sehen doch ein völlig anderes ist. Also wie eine alte Oma den Berg runter. Wo mir doch immer das Tempo soooo wichtig war. Egal ob beim Bergaufradeln oder Bergabwandern, beim Skifahren, Aufräumen, Arbeiten: Alles musste superschnell gehen, sonst habe ich mich nicht gut gefühlt. Also bin ich auch weiter ins Büro, obwohl ich dort am Monitor manchmal kaum den Mauszeiger gefunden habe. Hauptsache, alles so wie immer.

Phase 2:
Manisches Gegoogel, denn es konnte einfach nicht sein, dass mich so ein Schlag einfach aus dem Nichts getroffen hat. Ausgerechnet mich, wo ich doch immer so gesund gelebt habe, gelaufen bin (sogar Marathon), Spitzenblutwerte hatte und darauf auch mächtig stolz war. Kein Übergewicht und, zumindest meistens, ganz ordentlich ernährt. (Okay, bis auf meinen übermäßigen Zuckerkonsum.) Ich konnte es einfach nicht fassen, fühlte mich vom Leben waaaahnsinnig ungerecht behandelt und suchte im Netz nach Antworten – natürlich vergeblich.

Aber für das Leben, so weiß ich heute, findet man Antworten manchmal gar nicht, oder wenn doch, dann bestimmt nur bei sich selbst und nicht im weiten, weiten Netz.

Phase 3:
Die Alternativmedizin soll helfen. Ich mache eine Ayurvedakur in den Tiroler Bergen. Meine Herzensheimat.

Und ich begriff auf einmal, dass ich zeit meines Lebens über meine Grenzen gegangen bin, und das nur, um anderen zu gefallen. Ohne Rücksicht auf mich, ohne Rücksicht auf meinen Körper.

Es folgte: der seelische Zusammenbruch. Auf einem Berggipfel heulte ich Rotz und Wasser und mir wurde klar, dass ich etwas ändern musste. Dass ich so nicht mehr weitermachen konnte. Dass ich, wenn ich weiterleben wollte, viel mehr auf mich hören muss. Auf meine innere Stimme, auf meinen Bauch. Dass ich eben nicht alles kontrollieren kann, sondern mich auch einmal dem Fluss des Lebens hingeben muss. Und Vertrauen haben muss, dass das, was passiert ist, mir vielleicht auch den Weg zu etwas Neuem weist.

Mein Herz – es zu öffnen, dabei halfen ein indischer Arzt und eine junge Heilpraktikerin: mein Herz zu mir selbst.

Allein der Beginn der Kur war in vielerlei Hinsicht vielversprechend. Zwei Freundinnen kündigten ihre Besuche an und waren fassungslos darüber, dass ich diese ablehnte. Dass ich einfach mal drei Wochen für mich brauchte. NEIN ... ein Fremdwort bislang für mich.

Phase 4:

Ich stieg aus meinem Job aus. Nahm mir vor, nicht mehr um Gefallen zu buhlen, was für eine Grafikerin leider Daily Business ist. Ich entschied, dass ich, sollte ich wieder arbeiten, dies nur noch für Menschen und in Projekten tun würde, die mir guttäten. Und bei Auftragsanfragen, die mir ein ungutes Gefühl gäben, sofort Nein zu sagen.

Phase 5:

Als ich wieder zu Hause war, verfiel ich in eine tiefe Traurigkeit. Wusste nicht mehr, wohin ich gehörte. Alles, was mir wichtig war, meine Familie, mein Job, mein Sport, es fühlte sich nicht mehr so an wie vorher. Und dann zog gerade jetzt auch noch meine ältere Tochter aus. Ich fühlte mich wahnsinnig deplatziert auf dieser Welt.

Diese Traurigkeit – man stelle sie sich vor wie ein verdammt großes, schwarzes Schlammloch.

Der Psychologe sagt dazu: Anpassungsstörung.

Trotzdem versuchte ich mich nach oben zu ziehen. Denn mein Kopf sagte mir: Du musst da raus. Aber jedes Mal, wenn ich einen Schritt nach oben versuchte, rutschte ich ab und fiel noch tiefer. Wie in einer Spirale, immer weiter nach unten.

Phase 6:

Der Anruf einer lieben Freundin riss mich aus meiner Lethargie. Sie empfahl mir, es mit Achtsamkeitstraining zu versuchen. Ich lernte also mich in einem Kurs zu entspannen und nahm staunend wahr, wie mein Körper dabei nach und nach gesundete.

Denn zusätzlich zur Sehstörung hatte mein Körper inzwischen noch Sensibilitätsstörungen entwickelt – abwechselnd ein Taubheitsgefühl und ein Kribbeln in Fingerspitzen, Fußspitzen und an der Nase. Ich lernte, dass das menschliche Gehirn so funktioniert, dass es sich auf Störungen im Körper fokussiert und versucht, diese zu beheben. Und das Scheitern an der Aufgabe machte das Ganze immer schlimmer: Spirale nach unten … Schlammloch.

Ich verstand, dass ich mein Gehirn umprogrammieren und anfangen musste, die Störungen als Teil meines Selbst zu akzeptieren. Mich nicht mehr dagegen zu wehren. Gaaanz langsam fühlte ich mich wieder besser, wollte nicht mehr nur die Decke über den Kopf ziehen.

Phase 7:
Eine Grippe knockte mich noch einmal aus. RÜCKSCHRITT. Und ich fühlte mich wieder so richtig mies. Am allerschlimmsten Tag jedoch hatte ich eine Idee. Ich rief meinen Friseur an: »Ich brauch einen Schnitt!«
– CUT! –
Verrückt, aber umgehend ging es mir besser. Klingt klischeehaft, aber genau so war es. An diesem Tag beschloss ich, vor dem Spiegel bei meinem Friseur: Ich lasse mich nicht mehr unterkriegen, von nichts. Denn schließlich habe ich nur dieses eine Leben … Und entweder bemitleide ich mich für die restliche Zeit oder ich fange an, mich mit der Situation in meinem Körper anzufreunden, und lebe weiter.
Der Psychologe sagt dazu: Akzeptanz.

Wenn ich eines daraus gelernt habe: Für Krisen oder auch Krankheiten, die man selbst managen muss, braucht es Geduld und die Fähigkeit, sich auf Änderungen einzulassen. Sich nicht gegen das Leben zu wehren, sondern sich wie ein Treibholz einfach auf den Wellen treiben zu lassen. Und wenn das Holz dann wieder an das Ufer gespült wird, kann es sich ja auch einfach aufheben lassen. Irgendjemand kommt schon vorbei, der es mitnimmt.

Ich weiß, dass ich niemandem mehr etwas beweisen muss, sondern kann mich einfach dem Leben hingeben. Ein wunderbares Gefühl.

Übrigens, Bergsteigen geht inzwischen wieder – auch im alten Tempo – ist eben alles eine Frage der Übung, oder? (Sabine)

**Wir alle haben
zwei Leben.
Das zweite beginnt,
wenn uns klar wird,
dass wir nur
ein Leben haben.**

BE DIFFERENT – BE LUCKY!

Ulrike erfreute durch ihre gute Mitarbeit, ihre Gründlichkeit in schriftlichen Dingen, ihren Fleiß, ihr tadelloses Betragen und ihre immerwährende positive Ausstrahlung. Sie soll auch nächstes Jahr so weitermachen!« So lautete die Bemerkung in meinem Schulzeugnis in der ersten Klasse. Hiermit war schriftlich fixiert, wie ich anscheinend schon mit sechs Jahren war und heute immer noch bin: eine Optimistin und ein meist gut gelaunter Mensch.

Als Sabine und ich also die Themen für unser Buch überlegt haben, war es für sie gleich selbstverständlich, dass ich das Thema »Be different« übernehme. Und ich sagte auch gleich optimistisch zu, weil ich mir dachte, das ist doch für mich überhaupt kein Problem. Da gab es Themen, mit denen habe ich wirklich mehr gehadert. Aber jetzt, wo ich so darüber nachdenke, was für mich oder vielleicht auch für andere »Sei anders« überhaupt bedeutet, fällt es mir gar nicht mehr so leicht. Denn das, was Sabine in mir als »different« erkennt, sehe ich bei näherer Betrachtung als gar nicht so »anders«. Und was bedeutet denn »Be different« überhaupt wirklich? Wo und wie ist man anders? Anders als wer überhaupt? Als mein Gegenüber? Als meine Freunde? Anders als der Rest der Menschheit? Nein! Das bin ich sicher nicht. Was ich allerdings sicher als einen typischen Charakterzug von mir benennen würde, ist meine – trotz allem – grundsätzlich positive Einstellung dem Leben gegenüber. Ich finde auch, dass man mit einer positiven Einstellung in allen Bereichen des Lebens besser vorankommt, als wenn man ständig nur herumunkt und immer nur die schlechten Dinge in den Vordergrund zieht.

Und vielleicht ist da der kleine Unterschied. Denn bei mir ist das Glas eher halb voll als halb leer.

Menschen begegne ich lieber mit einem Lächeln als mit Misstrauen und ich stehe allem Neuen erst mal mit einer positiven Grundhaltung gegenüber.

Aber natürlich kenne ich es auch, dieses andere Gefühl, dass der Himmel nicht immer nur voller Geigen hängt, dass alles zu viel wird und ich mich in solchen Situationen auch frage, warum mein Leben jetzt genau so verläuft. Manchmal gibt es dafür konkrete Erklärungen und manchmal nicht. Wir sind eben keine Maschinen, bei denen alles immer gleich abläuft. Wir haben Emotionen und Gefühle, Verhaltensmuster und oft reicht eine Kleinigkeit aus, damit ein negatives Gefühl überhandnimmt. Vor einiger Zeit habe ich mit einer befreundeten Psychotherapeutin darüber gesprochen, wie man am besten mit solchen Emotionen umgeht und nicht alles schwarzsieht. Ihre Antwort darauf lautete: »Lebenslust. Wir müssen uns in kritischen Situationen an unsere Lebenslust erinnern.«

Doch worin genau besteht denn jetzt Lebenslust? Muss ich mich dafür schon am Morgen gut gelaunt auf den Tag freuen? Und muss ich diese gute Laune bis abends weiter anfüttern? Oder ist es das schöne Gefühl, wenn ich mich mit Freunden oder meinem Partner zum Essen verabrede und einen schönen Abend verbringe? Ist Lebenslust die Freude auf den nächsten Urlaub, auf Weihnachten, auf ein Konzert oder auf meinen nächsten Geburtstag? Aber ist dann die Lebenslust nicht immer an ein Ereignis gebunden? Heißt das im Umkehrschluss, dass ich meinen Alltag ständig mit möglichst vielen Aktionen bestücken muss, um die Freude am Leben zu spüren? Das stelle ich mir reichlich anstrengend und auch schwer praktikabel vor.

Ich bin mir sicher, dass meine Einstellung dafür sorgt, mein Leben mit einem positiven Grundgefühl zu leben. Allerdings bin ich mir auch sicher, dass sich die Lebenslust nicht an bestimmte Regeln hält, und sie ist auch nicht ständig nach Bedarf abrufbar. Negative Gedanken oder der tägliche Stress wirken oft kontraproduktiv. Und natürlich gibt es auch schlimme und traurige Ereignisse, die eine positive Einstellung schwer machen oder sie sogar für einen Moment vergessen lassen.

Egal, in welcher Situation ich mich befinde, egal, was ich erlebe oder sehe, ich versuche immer und allem etwas Gutes abzugewinnen und nicht ein Problem als Erstes zu sehen.

Lebenslust ist niemals nur eine Momentaufnahme, sondern ein Grundgefühl, dessen ich mir ständig bewusst bin.

Für mich ist Lebenslust die reine Freude am Hier und Jetzt. Ich versuche, weder zu viel in der Vergangenheit noch in der Zukunft zu leben, sondern mich auf das einzulassen, was mir gerade jetzt widerfährt, und ich versuche mich daran zu erfreuen, ohne dabei egoistisch zu sein.

Ob das funktioniert, hat sicher oft etwas damit zu tun, über was wir nachdenken und ob zu viele negative Gedanken uns nicht nur Energie rauben und uns nicht weiterbringen. Diese Erfahrung kenne ich aus meinen schlaflosen Nächten. Ich wache auf und merke, wenn ich mich gleich mit Problemen oder Dingen beschäftige, die gerade nicht so rundlaufen, dann komme ich in einen Strudel negativer Gedanken, der nicht mehr abreißt, und ich kann nur noch ganz schwer wieder einschlafen. Und natürlich wirken alle Probleme in der Nacht viel größer als am Tag, weil wir im Bett zur Tatenlosigkeit verdammt sind und nichts lösen können. Am nächsten Morgen sehen die Probleme oft gar nicht mehr so schlimm aus.

Das heißt natürlich nicht, dass man oberflächlich sein muss, um lebensfroh zu sein.

Mir hilft es in ganz vielen Fällen sogar, ganz genau hinzusehen, um so durch scheinbar banale Handlungen oder Beobachtungen die Freisetzung von enorm positiven Kräften in mir zu spüren.

Morgens auf der Straße lächle ich gerne missgelaunte Menschen ganz bewusst an. Das bewirkt oft Erstaunliches. Erst schauen sie etwas irritiert und nach der Schrecksekunde lächeln sie fast immer zurück. Oder wenn ich abends aus dem Büro komme und mich von einem gigantischen Sonnenuntergang überraschen lasse. Den kleinen Vogel beobachte, der auf meinem Balkon sitzt und sich etwas Blumensamen stibitzt. Das alles sind kleine Momente, die mich glücklich machen.

Gerne beobachte ich auch Menschen in Kassenschlangen beim Einkaufen oder in einem Stau an der Ampel, wie sie sich die Lust am Leben nehmen, indem sie dem Negativen einfach zu viel Raum geben. Wenn sie ungeduldig von einem Bein auf das andere steigen, zappelig werden, missmutig und genervt immer wieder auf ihre Uhren oder Handys schauen, hupen und manchmal sogar anfangen, lautstark vor sich hinzupöbeln.

Lebenslust besteht darin, sich begeistern zu lassen, und dafür braucht es nicht immer ein großes Ereignis.

Sie stecken so viel schlechte Energie in dieses Warten, dass für sie das Einkaufen und Autofahren sicher irgendwann nur noch ein notwendiges Übel ist. Natürlich habe ich es auch manchmal eilig und würde gerne schneller durch die Kasse oder nach Hause kommen, weil dort jemand auf mich wartet, aber ich versuche dann trotzdem diese Wartezeit auch als kleine Auszeit für mich zu nutzen. Ich lasse dann den Tag oder ein Ereignis noch mal Revue passieren, freue mich auf den bevorstehenden Abend oder beobachte das Geschehen um mich herum und nutze die Zeit, um herunterzukommen.

Es kommt also auch hier bei dieser banalen Tätigkeit des Wartens auf den Blickwinkel an. Das ist nicht immer einfach, aber ich denke, es verbessert enorm die Lebensqualität, wenn man versucht, auch stressigen Momenten etwas Positives abzugewinnen.

Natürlich gibt es genügend Dinge, die einem die Laune verderben können, und ich laufe auch nicht ständig mit einem Dauergrinsen durch den Tag.

Trotzdem finde ich es immer wieder spannend zu sehen, wie sehr die innere Einstellung den Blickwinkel verändern kann. Vielleicht ist die durchgeknallte ältere Dame, die jeden Tag mit rot geschminkten Lippen beim Bäcker steht, gar nicht so durchgeknallt, sondern die roten Lippen sind einfach ein großartiger Teil ihrer Persönlichkeit und zeigen ihre Lebenslust – und das Tag für Tag.

Die Lust am Leben bedeutet für mich, Gutes vom eigenen Leben zu erwarten.

Als Kinder haben wir die Lebenslust praktisch in die Wiege gelegt bekommen. In diesen frühen Jahren kannten wir weder Missgunst noch Neid und wir konnten über Dinge lachen, die die Erwachsenen überhaupt nicht (mehr) verstehen konnten. Jeder Tag war ein großes Spiel und wir waren die Hauptakteure. An genau diese Grundstimmung sollten wir uns hin und wieder erinnern, um an unsere Lebenslust anzudocken, sollte sie einmal verschüttgegangen sein. Dazu können wir jederzeit die Komfortzone verlassen und einfach mal etwas Verrücktes tun, so wie wir es als Kinder gemacht haben. Das erfordert sicher Bereitschaft und auch Mut. Aber Lebenslust ist auch nichts für Feiglinge.

Im Prinzip ist es völlig egal, wie man diese Einstellung für sich definiert. Letztlich ist sie ein Zusammenspiel aus all dem, was unser Leben ausmacht. Die Fähigkeit, alle Lebenslagen anzunehmen, dabei Freude und auch Leid zu empfinden, zu lachen und zu weinen. Lebenslust hat damit zu tun, wie wir zu uns und unserem Leben stehen. Was uns wichtig ist und was wir von unserem Leben erwarten.

Das Ganze ist das Rezept fürs Anderssein, für die pure Lust am Leben.

Be different!

(Uli)

> **Natürlich bin ich eine Bereicherung.**
> **Nur eben nicht für jeden.**

WARUM ICH MIR IMMER
TREU BLEIBEN MUSSTE

Zwei prägende Glaubenssätze habe ich aus meiner Kindheit in mein Erwachsenenleben mitgenommen: »Alles ist möglich!« Und: »Wenn du etwas willst, dann schaffst du es auch!«

Wahrscheinlich ist mir angeboren und zusätzlich auch noch anerzogen worden, niemals das Gefühl zu haben, dass es irgendetwas gäbe, das mich in irgendeiner Weise begrenzen könne. Das führt in der Folge auch gerne zu grenzenloser Selbstausbeutung…

Aber, ich habe auch einen kleinen Wächter in mir, der sich immer dann meldet, wenn ich mir mal wieder zu viel vorgenommen habe und ohne Pause durchs Leben hetze. Wenn ich mich zu sehr unter Druck setze. Oder wenn ich mich selbst nicht ernst nehme mit meinen Bedürfnissen, beispielsweise nicht zulasse, dass auch ein unangenehmes Gefühl wie Traurigkeit zum Leben gehört.

Mein Wächter meldet sich entweder als Höllenhund, der mir keine Wahl lässt, oder in Form eines beharrlichen Wildhüters.

Das erste Mal hat sich mein Wächter gemeldet, als mein damaliger Freund und späterer Ehemann für ein Jahr zum Studium nach Seattle ging. In der Zeit der Vorbereitung auf die große Reise fand ich seinen Plan toll und megaspannend. Ja, ich freute mich wirklich für ihn. Natürlich hatte ich auch Zweifel, ob unsere Beziehung diese lange Pause aushalten würde. Aber wir waren jung und ehrgeizig und keiner wollte dem anderen Steine in den Weg legen.

Außerdem studierte ich zu dieser Zeit in Nürnberg Grafikdesign. Ich hatte einen großen Freundeskreis und liebte mein Leben dort. Trotzdem war der Abschied am Münchener Flughafen von ihm tränenreich, auch wenn ich wusste, dass wir uns Weihnachten wiedersehen würden. Denn wir hatten fest verabredet, dass ich ihn im Dezember in den USA besuchen würde.

Zurück in Nürnberg ging ich wie gewohnt zu meinen Vorlesungen und war viel auf Partys. Alles lief wie immer, genau so wie auch die Jahre zuvor während meines Studiums. Nur etwas in mir hatte sich verändert.

Immer öfter passierte es, dass ich nachts mit heftigem Herzklopfen aufschreckte und das schreckliche Gefühl hatte, verrückt zu werden oder gar sterben zu müssen. Es war diese plötzliche Einsamkeit, das Getrenntsein, das mich schier verrückt werden ließ und mir den Schlaf raubte. Es war eben doch nicht so einfach.

Heute weiß ich es besser: Mein innerer Wächter hatte sich in Form von Panikattacken gemeldet.

Irgendwann konnte ich das Gefühl, verrückt zu werden, nicht mehr ignorieren und suchte nach einem Ausweg. Denn auch mein Studium machte mir nicht mehr so viel Spaß. Zu oft versäumte ich infolge von durchwachten Nächten morgendliche Vorlesungen und geriet bei Abgaben immer mehr in Zeitdruck. Mein Plan bestand schließlich darin, mein Studium in Deutschland zu unterbrechen und mir während meines

Besuchs in Seattle ein Praktikum zu suchen. Dann konnten wir das Auslandsjahr zusammen verbringen und ich würde mich auch wieder beruhigen. Gedacht, getan. Ich machte mich also kurz vor Weihnachten auf den Weg und sehe mich heute noch mit meiner Mappe durch die kühlen, verregneten Straßen Seattles laufen. Buchstäblich auf Kaltakquise stand ich so unangemeldet am Empfang diverser Werbeagenturen. Weil ich damals auf Englisch noch nicht konversationssicher war, hatte ich auf eine telefonische Terminvereinbarung vorab verzichtet… So zu einem Vorstellungsgespräch zu kommen war eigentlich ein schier aussichtsloses Unterfangen.

Auf der anderen Seite saß mir aber die ganze Zeit die Angst vor dem Gefühl im Nacken, verrückt zu werden… Sie war es, die mir schließlich die nötige Durchsetzungskraft gegeben hat. Die Chuzpe, die es braucht, um freundliche, aber unverbindliche Empfangsdamen davon zu überzeugen, dass ich sofort den Art Director kennenlernen müsste, weil sozusagen mein Leben davon abhinge. Und tatsächlich: Dank des hartnäckigen Wächters in mir packte ich nach der Rückkehr nach Deutschland noch ein paar Sachen und flog Anfang März zu einem viermonatigen Praktikum und meinem Seelenfrieden nach Seattle.

Das zweite Mal war der kleine Wächter noch rigoroser. Ich war 27 Jahre und schuftete in Hamburg in einer der damaligen Top-Top-Werbeagenturen. 50 bis 60 Stunden die Woche waren völlig normal. Aber alles war genau so, wie ich mir meinen Start als Grafikdesignerin nach dem Studium immer vorgestellt hatte: Wir arbeiteten in einem

schicken ehemaligen Fabrikloft und je später die Arbeits-
abende wurden, desto lauter schallte coole Musik durch
unsere Hallen. Zwei äußerst attraktive und zudem auch
noch nette und hochkreative Agenturchefs, von denen ich
viel lernen konnte, machten das Bild perfekt. Dazu gehörten natürlich auch coole Feste, wenn Präsentationen beim
Kunden von Erfolg gekrönt waren. Ich erinnere einen
Abend in einem Hamburger Teppichladen, wir saßen alle
auf Orientteppichen und uns wurden reichlich libanesische
Tapas gereicht. Ich war also angekommen in der Werbe-
märchenwelt, so wie ich sie mir erträumt hatte.

Doch eines Morgens wurde ich in meiner schönen Hamburger Altbauwohnung wach und hatte heftige Bauch-
krämpfe, gefolgt von Schweißausbrüchen und Schwindel.
Ich war mir sicher, dass ich einen Magen-Darm-Virus
aufgeschnappt hatte. Und meldete mich krank, natürlich
nicht ohne – eifrig und leistungsorientiert, wie ich war –
gleich mit anzukündigen, dass ich am nächsten Tag ganz
bestimmt wieder gesund zurück wäre. Nur, so war es
nicht.

Anderntags das gleiche Spiel. Bauchschmerzen gefolgt
von Herzrasen und Schweißausbrüchen. Mein Körper ver-
weigerte jegliche Nahrung und nach einer Woche, inzwischen ganze fünf Kilo leichter, war ich der festen Überzeugung, an einer ernsten Krankheit zu leiden. Um ganz
sicherzugehen, zog ich einen Gastroenterologen zu Rate,
von dem ich eine niederschmetternde Diagnose erwartete. Er untersuchte mich gewissenhaft und stellte fest,
dass ich organisch völlig gesund war. Allerdings wies er
mich darauf hin, dass mein Zustand auch stressbedingte

Ursachen haben könne. Ich verließ die Arztpraxis erleichtert, aber auch mit dem klaren Wissen, dass mein Werbemärchentraum wohl ausgeträumt war.

Ich nahm die Stimme meines Wächters sehr ernst. Am nächsten Tag kündigte ich. Die Spaghetti Bolognese, die ich an diesem Tag wieder essen konnte, waren die besten in meinem Leben.

Wie sehr hatte sich mein Körper gegen die weitere Ausbeutung gewehrt. Gegen Dauerstress und permanente Überforderung.

Drei Jahre später arbeitete ich als Junior-Art-Direktorin in einer Werbeagentur in München. Die Arbeitszeiten waren moderat, ich fühlte mich in meinem Team wohl, alles war gut. Bis eine neue Mitarbeiterin eingestellt wurde und das Klima sich spürbar veränderte, wie es manchmal passieren kann, wenn ein System durch einen Neuzuwachs eine Umstrukturierung erfährt. Kollegengruppen, die ursprünglich immer zusammen zum Mittagessen gingen, spalteten sich plötzlich auf. Die vormals freundschaftliche Atmosphäre hatte sich abgekühlt. Jeder von uns war auf einmal damit beschäftigt, seine Position zu sichern, und fing deshalb damit an, die Arbeit der anderen schlechtzureden. Auch ich machte bei den Lästereien mit, befand mich aber selbst auch immer wieder im Fadenkreuz. Und ich merkte, wie sehr mir das alles naheging.

Wieder packten mich immer öfter Schwindelgefühle, die ich schon kannte. Das körperliche Unwohlsein insgesamt aber verstärkte sich und wurde proportional schlimmer mit der Anzahl der Mittagspausen, in denen das Team ohne mich zum Italiener ging.

Obwohl ich es hätte besser wissen müssen, war mir da immer noch nicht klar, dass die jetzt wieder auftretenden Panikattacken die Stimme meines kleinen Wächters waren. Was ich aber sicher wusste: Ich musste an dieser Situation, die mich teilweise komplett lahmlegte, ganz dringend etwas ändern. Schon alleine, weil ich mich in dieser lähmenden Atmosphäre beruflich nicht ein winziges Stück mehr weiterentwickeln konnte.

In einer Frauenzeitschrift las ich dann etwas von einer Bucketlist, die man sich vor dem 30. Geburtstag schreiben solle. Die Redakteurin zählte in dem Beitrag also auf, was sie bis zu diesem Datum noch alles erleben wolle. Auch ich hatte diesen Geburtstag kurz vor mir und eine Idee aus dieser Liste begeisterte mich geradezu: die lange Reise. Zu meinem Glück reagierte meine Chefin aufgeschlossen, als ich ihr von meinem Entschluss berichtete. Sie machte das Unmögliche möglich und setzte beim Geschäftsführer für mich ein Sabbatical durch. Zwei Monate später flog ich für drei Monate nach Südostasien. Zunächst mit einer Freundin, dann weiter alleine. Zu einer Zeit, in der das alles noch ein echtes Abenteuer war. Und der Slowdownmodus in Asien wirkte. Wenn ich dort Panik hatte, dann nur vor handtellergroßen Spinnen. Aber waren sie wieder weg, war ich sofort wieder entspannt.
Der innere Wächter sollte mich noch einige Male daran erinnern, gut auf mich aufzupassen. Erst nach der Geburt meiner zweiten Tochter, ich war inzwischen 35, hat er sich für längere Zeit abgemeldet und ist erst mit Beginn der Wechseljahre wieder auf der Bildfläche erschienen.

So wusste ich inzwischen, dass wahrscheinlich eine Dysbalance in meinem Hormonsystem verantwortlich für die Attacken war. Das Hormon Progesteron, das in der Schwangerschaft vermehrt ausgeschüttet wird, das aber jeder Mensch (auch Männer) in bestimmten Konzentrationen produziert, gilt unter anderem als körpereigenes Schlaf- und Beruhigungsmittel. Wird beispielsweise aufgrund extremer Stressbelastungen oder ausbleibender Eisprünge zu wenig Progesteron gebildet, kann das in herausfordernden Situationen auch zu Panikattacken führen. Mit Entspannungsübungen, Psychotherapie und Yoga habe ich dem erfolgreich entgegengearbeitet.

Manchmal frage ich mich, ob ich dieses Wissen gerne schon in jungen Jahren gehabt hätte: dass das, was mich immer wieder zu neuen Entscheidungen und Wendungen in meinem Leben gebracht hat, vielleicht oft »nur« körperliche Ursachen hatte. Ich sehe das anders.

So habe ich meiner inneren Stimme ein Auslandspraktikum zu verdanken, ein Sabbatical und meine Selbstständigkeit.

Nein. Mein Körper hat mir immer dann, wenn es mir zu viel wurde, signalisiert: »Bitte ganz dringend etwas ändern!« Und darauf habe ich gehört. Ja, ich musste darauf hören.

Man könnte fast sagen, mein Körper hat mich zu jeder Wegmarke geleitet. Und mir gar nicht erlaubt, meine »Schwächen« zu verstecken. So sehe ich nachträglich, dass meine körperliche Beeinträchtigung mich stark gemacht und mir dabei geholfen hat, mir selbst treu zu bleiben und meinem inneren Kompass zu folgen. So musste ich immer mutiger sein, als ich eigentlich bin, denn mein Körper hat mir keine Wahl gelassen. In einer vermeintlichen Komfortzone zu bleiben hat mein Wächter mir schlicht nicht gestattet. Er hat mich gezwungen, genau hinzusehen.

Heute habe ich Mittel und Wege gefunden, mit meinen Panikattacken umzugehen. Ich bin ein Achtsamkeitsprofi geworden und weiß, dass ich mir dringend eine Pause gönnen muss, wenn mein Gehirn mal wieder auf Rot schaltet. Das mache ich dann auch, in Form von kleinen Meditationen oder Achtsamkeitsübungen. Und wenn sich der Höllenhund wieder meldet, steht vielleicht auch mal wieder eine 180-Grad-Wende an. Wer weiß.

Mein Leben bleibt spannend.
(Sabine)

**Ich bin nicht
einfach gestrickt.
Ich habe Bommeln.**

~~~

ICH UND ICH – VON DER KUNST,
MIT SICH ALLEINE ZU SEIN

Neulich habe ich einen spannenden Artikel gelesen, der mich seither nicht mehr so richtig losgelassen hat. Immer wieder drehen sich meine Gedanken um ihn und ich frage mich, was mich so an dieser Reportage gefesselt hat. Denn im Gegenzug hat sie mir auch irgendwie Angst gemacht…

Es ging darin um eine Frau, die eine Auszeit nehmen wollte und dafür ein Dunkel-Retreat in einem Kloster gebucht hatte. Ich wusste bislang gar nicht, was ein Dunkel-Retreat ist: Die Journalistin verbrachte zu diesem Zweck 70 Stunden in einer Klosterzelle ohne Licht, ohne Kontakt nach außen und in absoluter Stille – außer den Geräuschen, die sie selbst verursachte. Sie war völlig alleine mit sich, ihren Gefühlen und Gedanken. Zweimal täglich bekam sie eine Mahlzeit serviert, aber auch die nahm sie in völliger Dunkelheit ein. Schon kurz nach Beginn des Rückzugs aus der Welt fing sie an, mit der Idee zu hadern, und war sich nicht mehr sicher, warum sie sich auf dieses Experiment eingelassen hatte und ob sie bereit dazu war, es wirklich durchzuziehen. War es ihrer Sehnsucht nach absoluter Ruhe geschuldet, der Neugier, einmal die eigenen psychischen Grenzen auszuloten, oder einfach die Herausforderung, es eine Zeit lang nur mit sich selbst auszuhalten?

Beweggründe für eine Auszeit? Zeit mit mir selbst verbringen zu müssen ohne Fluchtmöglichkeit!

Die Journalistin zog ihr Abenteuer nach anfänglichen Zweifeln durch und machte dabei die unterschiedlichsten Ich-Erfahrungen. Von Panikattacken über komplettes Loslassen, von der Konfrontation mit sich und ihrer Vergangenheit bis hin zu unendlich tiefem Schlaf, von Erkenntnisgewinn über sich selbst und dem Amoklauf ihres Verstandes bis hin zum völligen Verstehen und dem Einklang mit sich und ihrer Persönlichkeit.

Mich fesselte diese Idee, wobei ich mir nicht sicher war, ob ich es genauso durchziehen könnte. Ich dachte, dazu brauche es eine gehörige Portion Mut und ganz sicher müsse man auch bewusst auf die Suche nach sich selbst gehen wollen. Ohne Angst, was dabei passieren und was es mit einem machen würde. Denn dass es etwas machen würde, war klar. Die Frage war, wie stark würde dieses Erlebnis sein.

Dabei kann ich von mir sagen, dass ich gerne alleine bin. Leider gibt es in der deutschen Sprache für das Alleinsein nur ein weiteres Synonym – und das heißt Einsamkeit. Und mit Einsamkeit assoziieren wir meist etwas Negatives, so etwas wie Isolation oder abgeschnitten sein von der Welt. Aber ist das wirklich so? Ist man automatisch einsam, wenn man alleine ist? Wenn man gerne für sich ist, kann das doch auch bedeuten, dass man zumindest einigermaßen mit sich selbst im Reinen ist. Und wenn ich alleine bin, vermisse ich niemanden.

Wie viel von dieser besonderen Art, alleine mit mir selbst zu sein, könnte ich wohl aushalten?

Anders ist es aber, wenn ich einsam bin. So fühle ich mich, wenn ich eine mir nahestehende Person eine Zeit lang nicht sehen kann. Wenn ich einen Ort verlassen muss, der mir ans Herz gewachsen ist und der mein Zuhause war. Alleinsein jedoch hat für mich keine negativen Aspekte.

Ich bin schon deshalb gerne mit mir alleine, weil ich dann einfach Zeit nur mit mir habe und mich um niemanden und nichts kümmern muss, außer um mich selbst. Ich kann meinen Gedanken nachhängen, Dinge tun, zu denen ich sonst nicht komme, mir neue Projekte überlegen und ganz nebenbei profane Aufgaben erledigen wie bügeln oder die Wäsche aufhängen, auf dem Balkon an den Blumen rumzupfen, stricken, nähen, den Bücherstapel neben dem Bett angehen und lesen oder auch mal nur Löcher in die Luft starren. Eben in den Tag hineinleben, und keiner kommentiert oder beurteilt, was ich tue oder nicht.

Warum aber hat das Alleinsein oft einen so schlechten Ruf? Ist es die Furcht davor, dass wir mit unseren Gefühlen und Gedanken alleine sind? Dass wir uns in diesem Moment nicht durch irgendwelches Tun ablenken und uns mit uns selbst beschäftigen müssen? Für mich ist Alleinsein immer eine wohltuende oder auch sehr spannende Selbsterfahrung. Es bietet mir die Möglichkeit, dass ich mir selbst neu begegnen kann. Ich kann mich

Nur weil ich gerne mit mir alleine bin, bin ich längst nicht wunderlich. Natürlich mache ich auch noch die Tür auf, wenn es klingelt …

ausloten, sehen, ob ich gut auf mich achte oder ob mir etwas fehlt, ich habe Zeit, Dinge zu bedenken und welche auszudenken. Alleinsein hilft mir, bei mir selbst zu bleiben. Das ist für mich gut und für die Menschen um mich herum, weil ich klarer bin.

Dazu reicht es schon, wenn ich mich an einem anonymen öffentlichen Ort aufhalte, wie zum Beispiel einer Ausstellung. Dabei bin ich zwar unter Menschen, habe aber doch das Gefühl, ganz bei mir zu sein. Dieser Zustand setzt dann einen Prozess von In-meine-Ruhe-Kommen in Gang, weil ich nicht durch Routinen und Aufgaben in meinem gewohnten Umfeld abgelenkt bin. Es kann sogar so weit gehen, dass ich in dieser Parallelwelt versinke und in Gedanken »Was-wäre-wenn?« spiele.

Das Beste daran, dass ich mit mir alleine sein kann, ist das Gefühl, mich so anzunehmen, wie ich bin, und die Möglichkeit, mich so noch besser kennenzulernen.

Aber es gibt auch noch andere Orte oder Situationen, in denen ich unheimlich gerne für mich bin. Ich fahre zum Beispiel gerne alleine Auto, besonders in die Nacht hinein. Dabei schicke ich nicht nur mich, sondern auch meine Gedanken auf die Reise. Eine wunderbare Gelegenheit, um komplett zur Ruhe zu kommen. Manchmal höre ich auch ein Hörspiel oder einen Podcast und genieße es so sehr, ungestört in diese andere Welt abzutauchen. Ich gehe auch wahnsinnig gerne alleine durch die Stadt oder stöbere in aller Ruhe in Läden und fühle mich dabei weder einsam noch ausgeschlossen, sondern zutiefst bei mir.

Aber natürlich gibt es auch Situationen, die ich alleine nicht wirklich genießen kann oder gar mag. Ich sitze zum

Beispiel sehr ungern alleine in einem Restaurant oder gehe auch nicht gerne alleine ins Kino. Ich kenne Menschen, die das mögen. Aber für mich sind das Situationen, da wünsche ich mir ein Gegenüber – zum Sichaustauschen oder einfach nur der guten Gesellschaft wegen oder weil ich vielleicht einfach nicht bemitleidet werden will?

Dabei ist durch wissenschaftliche Umfragen klar belegt, dass Alleinsein erholsam ist und sich positiv auf die Gesundheit auswirkt. Denn wenn wir alleine sind, bleiben wir in Kontakt mit dem wichtigsten Menschen in unserem Leben, mit uns selbst.

Es gab auch Zeiten, da hat mich Alleinsein verunsichert, vor allem, wenn ich auf den sozialen Plattformen unterwegs war. Natürlich bieten Facebook, Instagram und Co. ein zwischenmenschliches Grundrauschen. Man darf davon nur nicht zu viel erwarten oder es allzu ernst nehmen. Und vor allem darf man sich nicht durch die »Immer-gut-drauf-und happy«-Gruppenfotos irritieren lassen. Hach, ist das toll, wir sind alle so glücklich und haben so viele Freunde. Das ist nicht die Realität! Aber dennoch besteht die Gefahr, dass man sich in einem einsamen Moment schnell nur als Beobachter einer besseren, schöneren und tolleren Welt empfindet. Einer Welt, an der man selber nicht teilhat, mit der man aber dennoch ständig konfrontiert wird. Um mich wieder auf den Teppich zu bringen, sage ich mir in solch irritierenden Momenten gerne, dass mir keine der vielen Instagram-Freundinnen bei einer Grippe eine Hühnersuppe kochen oder Klopapier besorgen würde, während ich mich mit Fieber im Bett herumwälze.

Früher habe ich immer wahnsinnig viele Menschen um mich gehabt und war sehr selten alleine. Irgendwas war immer und irgendwer stand ständig auf der Matte. Und irgendwann kam ein Punkt, ich weiß nicht, ob es mit der ständigen Kontaktüberflutung oder mit den gelebten Jahren zusammenhing, da habe ich angefangen, Menschen aus meinem Leben auszusortieren. Teilweise geschah das bewusst und manche waren plötzlich von ganz alleine weg. Ich habe diese Trennungen und Abschiede nach und nach aber als gewonnene Lebensqualität empfunden und nicht als Verlust.

Dabei handelte es sich teilweise sogar um Freundschaften, von denen ich dachte, sie blieben mir bis zu meinem Lebensende. Oft war es so, dass ich erst im Nachhinein bemerkt habe, wie viel Zeit und Energie ich in manche dieser Beziehungen investiert und wie viel Erleichterung und auch Zeit ich schließlich durch die Abschiede von ihnen gewonnen habe.

Ich wollte auf keinen Fall länger das Gefühl haben, dass Freunde so etwas wie eine Art Lifestyle-Accessoire seien und je mehr von ihnen ich um mich scharte, desto höher wäre mein Stellenwert. Manche Freundschaften nutzen sich auch ab und ich will meine wirklichen und guten Freunde nicht überstrapazieren, denn sie haben alle auch ihr eigenes Leben. Das vergisst man gerne.

Letztlich hat es doch etwas mit der Lebenserfahrung und meinem mit den Jahren gewachsenen Selbstbewusst-

Alleine treffe ich meist die richtigen Entscheidungen, weil ich dann auf die einzig wichtige Person höre: nämlich auf mich.

sein zu tun, dass ich nicht mehr so viele Menschen um mich haben muss. Und solange ich es mir aussuchen kann, ob und wann ich alleine sein möchte, empfinde ich das Alleinsein als persönlichen Luxus. Ich bin froh und dankbar, dass ich so gut mit mir selbst klarkomme und mich nicht mit mir selbst langweile. Solange ich Zeit mit mir selbst verbringen mag, bin ich auch vor unliebsamer Einsamkeit gefeit. Und ich kann die Zeit mit Freunden noch mehr genießen, weil sie mir nicht dazu dienen, mich von mir selbst abzulenken, sondern weil ich schlicht und ergreifend Spaß mit ihnen habe und ich ihre Gegenwart genießen kann. (Uli)

**Manchmal rede ich
mit mir selbst –
und dann lachen wir beide.**

~~~~

LASS UNS FREMDE BLEIBEN

Es gab in meinem Leben einige Trennungen. Und Trennungen sind nie etwas Schönes, denn eines haben sie alle gemeinsam: Sie fühlen sich schlecht an. Manchmal so schlecht, dass man sogar seine Lebenslust verliert. Dabei ist es fast egal, ob man verlassen wurde oder man selbst verlässt – du verlierst in jedem Fall einen Menschen. Einen Menschen, mit dem du zumindest zeitweise alles geteilt hast: den Morgen, den Abend, das Bett. Du hast ihm vertraut, bist mit ihm durch dick und dünn gegangen und hast für ihn überwältigende Gefühle empfunden.

Und plötzlich ist der Mensch weg, der dich eine ganze Zeit lang Hand in Hand begleitet hat, dir Steine aus dem Weg geräumt oder sich einfach nur mal mit auf den Boden gesetzt hat, wenn du gestolpert bist. Und dann hat er dir ganz selbstverständlich wieder auf die Beine geholfen.

Ich hatte in jeder Beziehung, die ich eingegangen bin, die Hoffnung, dass dies genau *die* Beziehung ist, die auch hält. Außerdem habe ich mir immer einen Partner und Weggefährten gewünscht, einen Menschen, mit dem ich eine Familie gründen könnte und mit dem ich im Idealfall mein gesamtes restliches Leben verbringen würde.

Den Vater meines Sohnes lernte ich kennen, lieben und dann zogen wir ziemlich schnell zusammen. Von Anfang an waren wir ein sehr ungleiches Paar. Aber wie es in den anfänglichen Hochphasen einer Liebesbeziehung so ist, dachte ich, wir könnten alle Probleme und Unstimmigkeiten mit der Zeit schon zusammen lösen. Am Beginn ist die Liebe groß und schön und alles ist möglich. Als die Euphorie sich langsam legte, folgten dann recht bald die weniger guten Zeiten. Und ein Brückenbau, so zeigte sich, war schier unmöglich. Aus heutiger Sicht würde ich sagen: Das alles war vorhersehbar. Wir waren in vielen Dingen nicht kompatibel, weshalb Kompromisse kaum möglich waren.

Natürlich hätte ich die Zeichen im Vorfeld richtig deuten müssen. Ich hätte sehen müssen, dass ein »wir« nicht funktionieren konnte. Sehr lange habe ich trotzdem versucht, die Beziehung aufrechtzuerhalten, weil ich den Traum von der »intakten« Familie nicht aufgeben wollte. Obwohl ich mir an fast jedem Tag die Frage stellte, warum nicht Schluss machen, wenn mir genauso wie allen anderen um mich herum klar ist, dass wir als Paar nicht funktionieren.

Ich wollte diese Beziehung nicht kampflos aufgeben. Und ich wollte nicht einfach so alles hinschmeißen.

Natürlich scheute ich mich auch vor der Entscheidung, meine kleine Familie auseinanderzureißen, unserem Kind wehzutun, das ja am wenigsten für den Schlamassel konnte. Unser Sohn war damals gerade drei Jahre alt.

So habe ich permanent abgewogen, was für oder gegen uns als Paar spräche. Der schlechteste Grund, eine Beziehung zu beenden, war meiner Meinung nach, es aus Vernunftgründen zu tun. Und mein Herz wollte nicht aufgeben, obwohl mein Kopf sagte, es kann nicht funktionieren. Irgendwo dazwischen hing meine arme Psyche, die litt. Doch dann ging es nicht mehr: Die ständigen Streitereien, das Nachgeben und das kleine Stückchen Rest-

bewusstsein, das mir zeigte, dass ich mich selbst überhaupt nicht mehr sah, das alles hat meinen Entschluss
gefestigt. Ich musste einen neuen Weg einschlagen für
mein Kind und mich.

Geholfen hat dabei das Gespräch mit einem befreundeten Familienrichter, der mir gesagt hat: »Natürlich sind
Kinder am glücklichsten, wenn sie in einer intakten Partnerschaft aufwachsen. Aber die zweitbeste Lösung ist es
zweifellos, sich zu trennen, wenn eine Beziehung nicht
mehr funktioniert. Die Kinder leiden am meisten, wenn
sich die Eltern nicht verstehen.« Diese Aussage entlastete
mich unglaublich. Allein unserem Kind zuliebe hatte ich ja
versucht, die Beziehung zu erhalten. Und nun erfuhr ich
von einem »Trennungsspezialisten«, dass das Festhalten
um jeden Preis gar keine so gute Idee war.

Der Vater meines Kindes und ich waren mittlerweile an
einem Punkt angelangt, an dem wir mit Gesprächen nicht
mehr weiterkamen. Dabei ist eine offene und aggressions-
freie Kommunikation wohl einer der wichtigsten Aspekte
in einer funktionierenden Beziehung. Ich sah keine Bewe-
gung mehr zueinander in unserer Beziehung, keine Bereitschaft, um sie zu kämpfen, und keine Weiterentwicklung.
Mein letzter Rettungsversuch war eine Paartherapie. Aber
auf diese, so erkannte ich schnell, müssen sich beide Seiten einlassen, um etwas zu bewirken. Wenn nur einer will,
trittst du auf der Stelle und der Frust wird noch größer.

Ich kann mir nicht den Vorwurf machen, ich hätte die
Beziehung zum Vater meines Sohnes leichtfertig aufgegeben. Natürlich hatte ich Gewissensbisse und Schuldge-

fühle und das ständige Ringen zwischen dem Verantwortungsgefühl für meinen Sohn und dem Zu-mir-Stehen hat mir schwer zugesetzt. Aber irgendwann half mir auch nicht mehr, mich ständig zu fragen, ob ich noch genug Liebe für meinen Partner empfinde, um die Beziehung am Leben zu halten.

Ich fragte mich immer häufiger: Kann ich hier noch glücklich sein? Reicht mir das für mein persönliches Glück?

Sicher war, wenn ich nicht glücklich sein konnte, würde sich das auch irgendwann auf mein Kind übertragen. Und das wollte ich in jedem Fall vermeiden.

Ich brauchte Klarheit und beschloss, mir eine Woche Auszeit zu nehmen, um meine Gedanken zu ordnen. Alleine und weit weg. Ich floh nach Spanien. Dort wollte ich herausfinden, was das Beste für meinen Sohn und mich wäre und ob ich genug Kraft aufbringen würde, diesen Schritt mit allen seinen Konsequenzen zu gehen. Dass es ein Kraftakt werden würde, war mir sehr bewusst. Alleinerziehend ist keine Spaßveranstaltung. Aber ich war bereit, traute es mir zu. Endlich.

Wieder zu Hause empfing mich mein Lebensgefährte mit plötzlich einsichtigem Verhalten und neuen Erkenntnissen. Doch ich hatte mich entschieden, ich konnte und wollte nicht mehr …

Damit begann die schwierigste Zeit unserer Trennung. Wir lebten noch als Familie unter einem Dach, waren aber kein Paar mehr. Wir versuchten, uns bei aller Wut und Schuldzuweisungen zurückzunehmen, um unser Kind zu schützen. Wenigstens darüber waren wir uns einig. Aber natürlich bekommt auch ein Dreijähriger schon mit, dass bei Mama und Papa was nicht stimmt.

Der Zustand kostete viel Kraft und erforderte viele Zugeständnisse auf beiden Seiten. Die Frage, die uns am meisten beschäftigt hat, war: Wie sagen wir es unserem Kind?

Wie macht man einem Kleinkind begreiflich, dass es in Zukunft in zwei Haushalten leben wird?

Mit sehr flauem Magen haben wir es schließlich gemeinsam versucht. Unser Sohn reagierte erst mal gar nicht. Aber klar, er war drei Jahre alt und konnte weder verstehen noch einschätzen, was ihn da von nun an erwarten würde. Die Fragen nach dem »Warum?« und »Wann kommt Papa wieder?« kamen erst sehr viel später. Mir hat es jedes Mal schier das Herz zerrissen, wenn wir zusammen nach Hause kamen und er an der Haustür läutete, während ich nach dem Schlüssel suchte. »Vielleicht ist Papa ja da und macht uns auf.«

Mit seinem Auszug versuchten wir nun eine Regelung zu finden, die für alle irgendwie tragbar war. Für ihn, mich und vor allem für unseren Sohn. Wir versuchten beide, ihm ein Zuhause zu schaffen, und doch war es immer schwierig, wenn er nach ein paar Tagen vom Papa wieder zu mir kam und andersherum wohl auch. Er musste sich immer erst wieder einfinden und da ankommen, wo er gerade war. Das war für uns alle nicht leicht und es lief bei Weitem nicht immer reibungslos. Es gab Zeiten, da wollte er auf keinen Fall zu Papa und fand diesen ständigen Wechsel total doof.

Trotz all dem Groll und den einander zugefügten Verletzungen, die bei einer Trennung meist im Spiel sind, haben sein Vater und ich versucht, das große Ganze im Auge zu behalten. Wir haben uns bemüht, einen guten und respektvollen Umgang miteinander zu finden, und das ist uns zumindest nach einiger Zeit auch gelungen. Mir war immer wichtig, dass unser Kind nicht das Gefühl hat, es müsse sich zwischen uns entscheiden.

Mit der Zeit und den wechselnden Lebenssituationen und Entwicklungsphasen haben sich auch die Aufenthalte immer mehr verschoben. Mittlerweile ist mein Sohn so groß, dass er selbst bestimmt, wann er wo sein möchte. Er verbringt Zeit mit seinem Vater und dessen neuer Familie, weil er es so will und nicht, weil wir das so vorgeben.

Natürlich schleppe ich alle Trennungen, meine damit verbundenen Filme und die daraus entstandenen Blessuren mit mir herum. Auch das ist es, was das Leben ausmacht. Für mich haben sich mit den Jahren die Prioritäten in einer Beziehung geändert. Oft reicht ja ein Wechsel der Blickrichtung, um zu erkennen, worauf es ankommt. Ich bin sicher in einigen Dingen kompromissloser geworden, kämpfe um das, was mir wirklich wichtig ist,

Heute weiß ich, wer ich bin und was ich möchte, und versuche dabei offen und tolerant durch die Zeit zu gehen.

und bewege mich innerhalb meiner Grenzen, aber nicht mehr darüber hinaus.

Andererseits gibt mir die Lebenserfahrung die Freiheit, Dinge großzügiger und toleranter sehen zu können. Ich nehme mein Gegenüber jetzt mehr als ein großes Ganzes wahr, mit Vorzügen und Stärken, aber auch Schwächen. Ich vergebe mir nichts, wenn ich großzügig Empfindlichkeiten und Schwachstellen des anderen annehme, denn man kann einen Menschen nicht verbiegen oder gar umerziehen, ohne dabei den zu verlieren, den man liebt.

Wenn gemeinsame Kinder dann heranwachsen und selbst ihre Entscheidungen treffen, wann sie bei wem sind, dann ändert das die Beziehung zwischen den Eltern auch noch mal. Denn dann müssen kaum noch gemeinsam Entscheidungen mehr getroffen werden, Diskussionen über Weihnachtsgeschenke entfallen ebenso wie Ferienregelungen. Klar, werden wir hin und mal etwas zu besprechen haben. Aber bis dahin: Lass uns bitte Fremde bleiben …
(Uli)

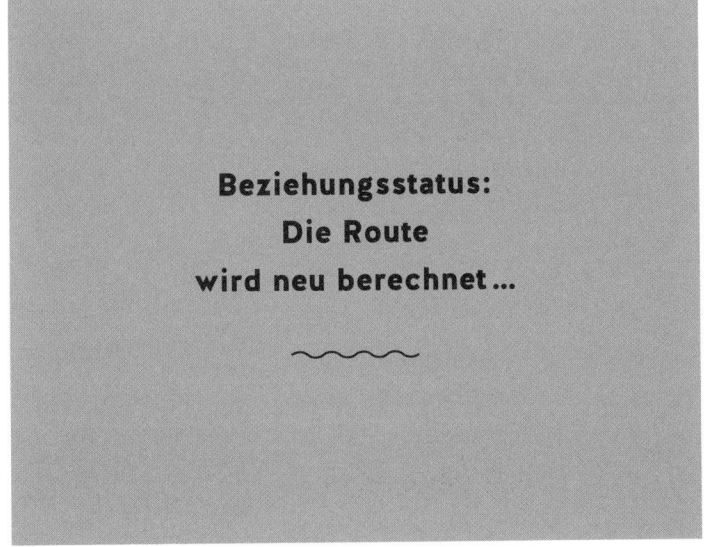

**Beziehungsstatus:
Die Route
wird neu berechnet …**

SCANN MICH
MIT DER APP!

Alles
halb
so wild

~~~~

FRAU ACHTSAM,
DIE MAGISCHE KÜCHENSPÜLE UND ICH

Ich habe eine Leidenschaft fürs Aufräumen – dachte ich. Zumindest bot die Anzahl der Aufräumbücher im Regal einen eindeutigen Hinweis auf dieses Faible. Leider bin ich eines Besseren belehrt worden.

Im vergangenen Jahr habe ich mir professionelle Hilfe geholt, um mein Arbeitszimmer zu strukturieren. Nach einem kurzen Blick auf besagtes Bücherregal stellte die Fachfrau lakonisch fest, dass Ordnungsbücher ja hauptsächlich in chaotischen Haushalten zu finden seien.

Mooooment: Ich hatte damals – die Betonung liegt auf »hatte« – gerade mal vier Aufräumbücher – die Standardwerke eben: Werner Tiki Küstenmachers *Simplify your life*, Karen Kingstons *Feng Shui gegen das Gerümpel des Alltags*, Marie Kondos *Magic Cleaning* und Gudrun Schwarzers *Die magische Küchenspüle*. Überflüssig zu erwähnen, dass diese Bücher inzwischen die Besitzerin gewechselt haben. Denn nach dem Ordnungscoaching war ich ja endlich total aufgeräumt. Dachte ich…

Bei Amazon werden unter dem Stichwort »Aufräumbücher« 62 Titel gelistet. Da wäre bei mir also durchaus noch Luft nach oben gewesen, und wenn die Theorie meiner Ordnungscoachin stimmt, kann ich mit meinen damals vier Büchlein so chaotisch ja gar nicht gewesen sein.

Insgesamt bin ich in meinem Leben zwölfmal umgezogen. Man müsste meinen, da reist es sich besser mit leichtem Gepäck. So war es auch – am Anfang. Ausgezogen von zu Hause bin ich mit zehn Kisten und einer Matratze. Beim Umzug aus meinem WG-Zimmer in Nürnberg nach Hamburg zum ersten festen Job hatten sich die Kisten kaum vermehrt. Nur hatte die neue Wohnung zwei Zimmer und so fing das Drama an. Eine Couch musste her und ein Couchtisch, ein Bücherregal und viele Bücher. Ein Jahr später ging es dann von Hamburg zurück nach München, da waren es schon 32 Kisten. Einige Jahre später bin ich mit meinem Mann zusammengezogen und wahrscheinlich hatte auch er 32 Kartons. Macht 64 Kisten. Dann kam unser erstes Kind, mein Büro samt Interieur hatte ich inzwischen gegen ein Homeoffice getauscht. Beim nächsten Umzug packten wir schon 130 Kartons…

Und weil wir in ein großes Haus gezogen sind, haben sich die Dinge wie von alleine weiter vermehrt. Und das, obwohl mich in jeder Phase meines Lebens, in jedem Lebensabschnitt, immer ein Aufräumbuch begleitet hat: *Simplify your life*. Von dieser verheißungsvollen Formel träume ich etwa seit dem Kleinkindalter meiner Töchter.

Also habe ich *Simplify your life* erwartungsfroh gelesen und trotzdem nie ge-

Das Leben mit Kindern ist zwar wunderbar reich, aber nicht unbedingt einfach.

lebt. Denn immer wenn ich mir gedacht habe: Jetzt geht's los mit der ersten Schublade, dann ist eines der Mädchen früher aus dem Mittagsschlaf aufgewacht oder ich habe die Zeit vergessen.

Und aufgeschoben war in der Summe dann halt doch aufgehoben. Ich würde mal sagen, in der Kleinkinderzeit habe ich im Haushalt allerhöchstens eine Art Schadensbegrenzung in Sachen Aufräumen hinbekommen.

Auch in der Ordnungserziehung meiner Kinder war ich ein Totalausfall: Ich erinnere mich an einen Nachmittag bei einer Freundin mit ihren Kindern. Meine Töchter waren zwei und fünf Jahre alt, ihre Söhne drei und fünf. Das Wohnzimmer unserer Gastgeberin war bewundernswert ordentlich – bei unserer Ankunft und erstaunlicherweise auch bei unserer Abreise. Denn als wir uns verabschieden wollten, erklärte die Freundin kurzerhand: »Bei uns fährt nach einem Spielenachmittag der Aufräumzug durch das Haus.« Sie schnappte sich alle Kinder, ein kleines Wägelchen und ermutigte die Zwerge, ihre Hinterlassenschaften aufzusammeln. Ich half mit, machte mich aber insgeheim lustig über die Aktion. Beim Thema Ordnung regte sich seit jeher zuverlässig ein innerer Widerstand in mir.

Führt nicht Chaos zu mehr Kreativität? Und war nicht das Genie Albert Einstein ein Oberchaot?

Heute muss ich sagen: Hätten wir zu Hause nur auch einen regelmäßigen Fahrplan für den Aufräumzug gehabt und ihn als feste Gewohnheit installiert… Wahrscheinlich wären mir die nächsten Aufräumbücher erspart geblieben.

Nun soll es ja unterschiedliche Putztypen geben: Der Herrscher, der Kontrolletti und der Perfektionist schaffen es dabei auf verschiedenste Art und Weise, ihren Haushalt perfekt in Ordnung zu halten. Das Problem: Alle drei Typen haben mit mir überhaupt nichts zu tun. Und das, obwohl ich ursprünglich aus einer Familie stamme, in dem gefühlt diese drei Aufräumprototypen zusammen das Regiment geführt haben. Nur leider hat sich das nicht wirklich auf mich übertragen.

Meine Mutter war und ist bis heute so ordentlich, dass es nicht einmal auffällt, wenn sie den Haushalt macht. Was vielleicht erklärt, warum ich bis heute ihr unsichtbares perfektes System nicht in mein Leben integrieren konnte. Das Bedürfnis, immer gleich alles wieder wegzuräumen, fehlt mir einfach. Wenn ich im Wohnzimmer abends auf der Couch lese und dabei einschlafe, habe ich beim Aufwachen keineswegs das Bedürfnis, sofort die Decke zusammenzufalten. Sondern will ins Bett – schnurstracks.

Als unsere Töchter dann in die Schule gingen, hatte sich mit der Zeit so viel angesammelt, dass ich schon davor zurückgeschreckt bin, unsere Kellerschränke auch

Ich bin eher die Kaschiererin: Sichtbare Unordnung oder Dreck müssen beseitigt werden, mehr aber auch nicht.

nur einen Spaltbreit zu öffnen. Schwimmflossen in allen Größen von 23 bis 32, Sankt-Martins-Laternen aus Kindergartenjahren, Unterrichtsmaterialien aus Grundschuljahren, Spielkram, Selbstgebasteltes. Wie sollte ich das alles loslassen? Hieran hingen doch so viele Erinnerungen an wichtige Phasen meiner beiden.

Wieder war es eine Freundin, die mir für das Chaos in unserem Untergeschoss einen Weg aufgewiesen hat. Ich kam bei ihr vorbei, nachdem sie gerade die Kleinkindersachen ihres Sohnes aus dem Keller geholt hatte, um sie ins örtliche Kinderheim zu bringen. Wie ungemein befreiend das gewesen sei, meinte sie. Glücklicherweise hatte ihr ihre jüngere Schwester bei dieser emotionalen Gewaltaktion geholfen. Ohne Helfer, so tröstete ich mich, ist es eben schwierig. Deshalb ging das gar nicht bei mir.

So kam der nächste Ratgeber zu mir: Mit *Feng Shui gegen das Gerümpel des Alltags*. Ich fand das gedankliche Konzept einleuchtend, dass Energie irgendwie stecken bleibt oder verloren geht, wenn die Garage voller alter Kindermöbel steht und das Auto im Winter auf der Straße zufrieren muss und vor sich hin rostet. Und dass ein vollgestopfter Keller verantwortlich sein könnte für eine Unruhe, die sich in mir breitgemacht hatte, war auch nachvollziehbar.

Leider aber war unsere ganze Familie schon immer ein Hort häuslicher Unordnung. Das besagte Ordnungsgen meiner Mutter hat nicht nur eine Generation übersprungen, es hat sich scheinbar spurlos dematerialisiert. Und auch mein Mann ist nicht mit dem Gleich-Wegräum-Gen gesegnet. Er ist vielmehr, wie viele Geschlechtsgenossen, ein Weltmeister im Schuhe-und-Socken-herumliegen-Lassen.

Aber laut Erziehungswissenschaftlern und Soziologen kann er da nichts dafür. Denn während kleine Mädchen früher in aller Regel dazu angehalten wurden, ordentlich zu sein (was – wie mein Beispiel zeigt – auch nicht immer nachhaltig gefruchtet hat), war das bei den Jungs kein Erziehungsthema. Hausfrauenmütter sorgten zuverlässig für Ordnung im Jungszimmer. Tatsächlich sieht mein Mann – ebenso wie meine Töchter – herumliegende Kleidungsstücke gar nicht erst herumliegen. Und so stand ich zu guter Letzt auch mit Karen Kingston und ihrem Feng-Shui-Ansatz dem Gerümpel des Alltags allein gegenüber – und auf völlig verlorenem Posten.

Vielleicht war auch diese Mann-Frau-Geschichte der Grund, warum mein nächster Selbstcoachingversuch in Form des *Magic-Cleaning*-Buchs von Marie Kondo lange Zeit ungelesen auf dem Nachttisch liegen blieb. Schließlich ist bekannt, dass Japanerinnen zu den am wenigsten emanzipierten weiblichen Wesen der industrialisierten Welt zählen. Und wie die Autorin des Weltbestsellers stolz auf YouTube ihre perfekt gefalteten Hosen präsentiert, hat mich doch

Angeblich räume ich laufend auf. Ich fürchte allerdings, dass ich mehr davon erzähle oder darüber lese.

sehr an die Waschmittelwerbung aus den 1970er-Jahren erinnert, in denen frisch geföhnte Frauen voller Stolz ihre frisch gewaschene Wäsche in die Kamera halten. So unemanzipiert wollte und will ich mich aber auf gar keinen Fall fühlen. Frau Kondos Ordnungskunst und ich werden erst mal keine Freundinnen.

Trotzdem: Das Thema Ordnung und Struktur in meinen Alltag zu bringen begleitet mich.

Über Instagram lernte ich *Frau Achtsam* kennen. Sie schreibt in ihren Posts immer wieder begeistert vom Konzept der »magischen Küchenspüle«. Alles Glück des Haushalts, so ihr Grundprinzip, beginnt mit einem glänzenden Edelstahlbecken. Wenn es damit klappte, sollte alles gut werden: Einfach nur jeden Tag 15 Minuten eine Zone des Haushalts säubern – und das regelmäßig. Klingt einfach und nachvollziehbar.

Wieder einmal war ich total enthusiastisch. Dieses Mal, so wusste ich, würde ich meine Problemzonen in meinen vier Wänden endlich in den Griff bekommen. Ich hielt genau vier Wochen durch. In dieser Zeit glänzte unsere Küchenspüle jeden Tag wie in einer Scheuermittelwerbung. Dann konnte ich nicht mehr. Musste ich ab jetzt tatsächlich jeden Tag 15 Minuten eine andere Zone im Haus putzen? Selbst wenn ich noch gar keinen Dreck sähe?

Und auf einmal begriff ich es: Ich bin ein Mischtyp. Ich schwanke zwischen der Perfektionistin und der Kaschiererin. An manchen Tagen bin ich sogar der Kontrolletti.

Tatsächlich gibt es sie inzwischen: die Tage, an denen ich mich mit Lust und Engagement einem Bereich des Hauses widme. Zwei Stunden lang wird dann sortiert. Wenn ich dies dann geschafft habe, sollte sich laut entsprechender Literatur angeblich mein neuronales Belohnungssystem melden. Eigentlich sollte ich so motiviert für die nächste Aufräumaktion sein. Doch im Moment funktioniert mein Belohnungssystem eher neuroyal. Wenn ich so heldinnenmäßig im Haus unterwegs war, brauche ich danach dringend eine Belohnung in Form einer luxuriösen Wellnessanwendung.

Aber letzten Endes bleibe ich Lebenskünstlerin ohne Aufräumkorsett und das passt für mich.

Inzwischen ist das Haus leerer geworden. Meine ältere Tochter ist ausgezogen, es liegen weniger Socken rum, und was soll ich sagen: Manchmal vermisse ich das Chaos. Ich habe inzwischen sogar einen Kleiderschrank, der – fernöstliche Defizite in Fragen der Emanzipation hin oder her – komplett nach Marie Kondo eingerichtet ist. Ob mich das glücklicher macht? Weiß ich nicht. Aber tatsächlich habe ich jetzt mehr Zeit, um beispielsweise ein Buch zu schreiben. Und so kann ich mich auch über die Stapel freuen, die hinter mir an meinem Arbeitsplatz am Boden liegen. Zeigen sie doch, dass ich ein kreativer Kopf bin.

@ Tatsächlich habe ich gerade mal wieder eine Frau am Start, die mir hilft, mein Geschirr auszusortieren. Wenn jemand noch Bedarf an angeschlagenen Tassen hat, kann er sich gerne bei mir melden. Muss aber schnell gehen. Und übrigens: Ganz manchmal ertappe ich mich heute dabei, dass es mir Spaß macht, die Küchenspüle zu polieren.

   Mischtyp, sag ich's doch.

(Sabine)

> **Da will man mal**
> **in Ruhe aufräumen**
> **und was passiert?**
> **Man hat keine Lust.**

〜

VERGEBEN UND VERGESSEN

Mal vorweg: Früher war ich ein nachtragender Mensch. Meine Freunde und Freundinnen nannten mich auch Elefantenhirn, weil ich so gut wie nichts vergessen habe und Ereignisse, die schon Jahre her waren, bei Bedarf sofort wieder abrufen konnte – und zwar minutiös bis ins letzte Detail. Dabei war es fast völlig egal, wie schwerwiegend oder banal ein Vorfall war. Mein Freundeskreis konnte in meinen frühen Jahren nur auf eine spontane Amnesie meinerseits hoffen, damit ich endlich die Schandtat des kleinen Fieslings, der mir im Kindergarten in der Sandkiste immer die Lieblingskaffeekanne weggeschnappt hatte, aus meiner Erinnerung löschte. Es hätte sicher tausend Gründe gegeben, großzügig über den Kannenraub hinwegzugehen. Vielleicht hatte der Böse größere Geschwister, die ihm zu Hause immer alles klauten, oder vielleicht war es auch seine Art, mir zu zeigen, dass wir die gleichen Interessen hatten? Wie auch immer – ich habe es ihm nicht verziehen. Um mit mir selber Frieden zu schließen, habe ich mir später sogar genau dasselbe Modell gekauft und als Kaffeekanne benutzt. Also in dem Fall nicht nur nicht vergeben, sondern erst recht nicht vergessen …

Aber warum ist es denn so schwer zu verzeihen? Psychologen bestärken uns doch darin, dass Verzeihen befreit.

Ich war oft sehr nachtragend und habe erst spät erkannt, wie ich mich und andere damit gequält habe.

»Vergeben und vergessen«, das ist schnell mal so dahingesagt. Eine geflügelte Redewendung, die es aber, bei genauerer Betrachtung, schon in sich hat. Denn welchen Beigeschmack hinterlässt sie denn bei meinem Gegenüber? Er oder sie steht damit auf immer und ewig als schuldiger Schuft da, während ich mich als großzügig Vergebende edelmütig in ein gutes Licht rücke. Denn anderen Verletzungen zu verzeihen gilt als Zeichen von Größe.

Wer das schafft – so der Lebenshilfekanon –, soll nicht nur in vielen Situationen gelassener sein, sondern wirkt souverän und gereift. Kommt gut. Im umgekehrten Fall aber würde die Frage lauten: Möchte ich selbst, wenn ich jemanden um Verzeihung bitten muss, mit einem »Vergeben und vergessen« abgespeist werden und damit meinem Gegenüber bis zum Ende meiner Tage

Wie soll ich denn bitte jemandem von Herzen vergeben, der mich unglaublich traurig und wütend gemacht hat?

mit einem schlechten Gewissen begegnen? Natürlich nicht! Mit der Vergebung und dem Vergessen ist das also so eine Sache.

Es ist eine schwierige Übung und trotzdem eine sehr wichtige, denn alles andere tut nicht gut und macht einen nachweislich auf Dauer krank. Die negativen Gefühle fressen dich regelrecht auf.

Das heißt natürlich nicht, dass ich mir in Zukunft alles gefallen lasse und alles so hinnehmen muss, wie es mir serviert wird. Es geht vielmehr darum, mit mir selbst Frieden zu schließen. Ich kann mich noch an ganz viele Momente in meiner Kindheit erinnern, in denen ich dachte, dieses oder jenes werde ich ihm oder ihr nie verzeihen. Tagelang habe ich geschmollt und konnte richtig, richtig nachtragend sein und das auch richtig lange auskosten. Das begann sich erst zu ändern, als ein Ereignis in meinem Leben durch viele Missverständnisse, Kränkungen und Fehlinterpretationen aus dem Ruder lief…

Eine meiner besten Freundinnen hatte nach einem schweren Schicksalsschlag eine sehr schwierige Zeit. Ich beschloss also, ganz für sie da sein zu wollen, und war der Meinung, alles, was ich für sie in ihrer Situation tat, wäre nur zu ihrem Besten. Ich habe mich dabei schier überschlagen und sie mit blindem Aktionismus überrollt: Ständig stand ich bei ihr auf der Matte, ohne zu merken, dass sie eigentlich Ruhe brauchte. Ich überhäufte sie mit Liebesbeweisen und nahm nicht wahr, dass ihr all das in diesem Augenblick und ihrem Schmerz viel zu viel war. Ihr war es damals nicht möglich, mir ihre Bedürfnisse und Wünsche klarzumachen, und ich habe sie nicht erkannt. Dabei war ich besorgt und wollte nur alles richtig machen. Im Nachhinein glaube ich, dass ich mit der Situation komplett überfordert war und nicht wusste, wie ich richtig reagieren sollte. Um meine Ohnmacht auszublenden, die in einem solchen Fall vielleicht normal ist, kam es zu dem Zuviel des Guten und das war ihr dann wiederum zu viel.

Als sie sich völlig überraschend von jetzt auf gleich und ohne Vorwarnung aus unserer Freundschaft verabschiedete, war ich wie vor den Kopf gestoßen. Ich hatte doch alles versucht, damit es ihr nur wieder besser ginge. Ihre

Entscheidung konnte und wollte ich nicht verstehen. Ich war am Boden zerstört, zutiefst gekränkt und unglaublich verletzt. So war sie von heute auf morgen aus meinem Leben verschwunden und ich durfte an ihrem nicht mehr teilhaben. Es gab in den ersten sechs Monaten nach dieser Trennung kaum einen Tag, an dem ich nicht an sie dachte.

Dabei fühlte ich mich nicht nur schlecht oder ungerecht behandelt. Ich stand regelrecht mit dem Rücken zur Wand und sah keine Möglichkeit, die Dinge in das richtige Licht zu rücken oder zu klären. Und so fraß ich die Enttäuschung und schließlich den Groll in mich hinein.

Ich hatte einen so wichtigen und lieben Menschen verloren und habe damals nicht verstanden, warum …

Am schlimmsten war es in den Nächten. Ich konnte nicht mehr schlafen, weil das Kopfkino mich davon abhielt. Mein Herz fing an zu rasen, wenn ich nur daran dachte. Wie hatte das alles so kommen können? Was hatte ich falsch gemacht? Was hätte ich anders machen sollen und wie? Und ich merkte mehr und mehr, wie mich dieses Grübeln immer weiter in einen Sog nach unten zog, bis mir klar wurde, dass ich die Notbremse ziehen musste, bevor mich diese Gedanken auffraßen.

Letztlich sind es ja nicht die Verursacher dieser Gefühle, die krank machen, sondern die Kränkungen, Verletzungen und Enttäuschungen, die man nicht loslassen kann und die einen unentwegt beschäftigen. Und so war ich gerade in den stillen Nächten einer doppelten Pein ausgesetzt: durch das, was mir »angetan« worden war, und das, was ich mir letztlich selber die ganze Zeit antat, indem ich mich ständig mit einem schlechten Gewissen bestrafte.

Das konnte ich ihr nicht verzeihen – schon alleine deshalb nicht, weil ich gar nicht wusste, was. Und vergessen konnte ich schon gar nicht.

Aus der Verzweiflung wurde schließlich Wut und dann Trotz – mein Selbsthilfeprogramm, um mich von dem Schmerz zu befreien.

Aber die Zeit heilt ja bekanntlich alle Wunden und natürlich verblassten auch der Zorn und die Enttäuschung irgendwann. Nach der Wut kam das Gefühl des Verlustes. Wenn mir durch Zufall ein Foto oder eine andere Erinnerung von uns in die Hände fiel, merkte ich, wie traurig mich das machte, und ich spürte die Leere, die sie hinterlassen hatte.

Irgendwann wurde mir klar: Ich musste eine Möglichkeit finden, diese Geschichte für mich aufzuarbeiten. Und ich begann, sie aufzuschreiben. Einfach nur so, nur für mich. Und das brachte die Wende. Damit konnte ich das Geschehene Wort für Wort und Schritt für Schritt aufarbeiten und so ein bisschen besser verstehen – und loslassen. Mittlerweile habe ich neben meinem Bett ein Notizbuch für solche Fälle von ungelöstem Schmerz liegen. Ein Buch mit leeren Seiten, in dem ich mir den ganzen Groll von der Seele lade. Wenn ich merke, dass mich etwas so sehr antriggert, dass es mir sicher den Schlaf rauben wird, dann schreibe ich es auf. Und während ich es niederschreibe, kann ich damit auch abschließen, einen Strich darunter ziehen. Und meistens kann ich dann, von der Last befreit, ruhig einschlafen.

Das Schicksal hat uns beiden Frauen dann nach Jahren durch einen Zufall – sicher war es gar keiner (you always meet twice) – wieder zusammengeführt. Wir trafen uns bei einer Veranstaltung und in dem Moment, als ich sie sah, fiel endgültig alle Wut, Enttäuschung und Verletztheit von mir ab. Ich war einfach nur glücklich.

Und genau in diesem Moment machte sich das Gefühl von Vergebung für uns beide breit – für das, was wir uns da angetan hatten.

Eins erkannte ich in diesem Moment glasklar: Wer sich und anderen nicht vergeben kann, bleibt stehen und findet nur schwer einen Ausweg. Der Groll und die Wut fressen sich ins Gedächtnis, die Enttäuschung und Kränkung bleiben allgegenwärtig und stehen dem freien Fortschreiten im Weg.

Natürlich rücken Dinge auch mit zunehmender Lebenserfahrung in ein anderes Licht. Ich bin mit den Jahren milder geworden. Milder mit meinen Mitmenschen und auch milder mit mir selbst. Ich finde, viele Dinge, die ich in jungen Jahren für so immens wichtig gehalten habe, treten in den Hintergrund, und oft frage ich mich heute: Was war denn damals so tragisch und was hat mich daran so unglaublich verletzt?

Ich lasse heute auch Enttäuschungen nicht mehr so an mich heran, erwarte nicht mehr so viel von meinem Gegenüber. Und ich empfinde Dankbarkeit dafür, dass ich das heute so sehen kann. Aus einer anderen Perspektive und mit einem gehörigen Abstand.

Wir haben das Thema dann in einer langen Sommernacht aufgearbeitet. Haben uns unsere jeweilige Wahrnehmung damals, die aufgekommenen Gefühle von Ohnmacht,

Überforderung und Bedrängung und der Enttäuschung erzählt. Es hat uns sicher beiden sehr geholfen, die Sichtweise der anderen zu erfahren und im Nachhinein zu verstehen. Und wir waren uns in diesem Moment beide bewusst, welch kostbares Geschenk unsere wiedergefundene Freundschaft war. So saßen wir da, auf zwei Liegen unter dem Sternenhimmel am Meer, mit einer Flasche Rotwein, und quatschten, bis die Sonne am Horizont über dem Wasser aufging, und genossen das wunderbare Gefühl von innerer Freiheit, die uns unser Vergeben und nun Vergessendürfen geschenkt hat.
(Uli)

Vom Mond aus betrachtet, spielt das Ganze gar keine so große Rolle.

WARUM DER 50. GEBURTSTAG EIN GRUND ZUR FREUDE IST

Zu meinem 50. Geburtstag habe ich Post von einer alten Freundin bekommen. 25 Jahre lang hatte ich nichts mehr von ihr gehört, sie war einfach verschwunden. Verwundert habe ich deshalb ihren Brief geöffnet und war gespannt, was sie mir zu erzählen hatte.

»Liebe Sabine,
    irgendwie habe ich immer noch dein Geburtsdatum im Kopf, und wenn ich richtig gerechnet habe, wirst du dieser Tage 50 Jahre alt. Wow, herzlichen Glückwunsch!
    Zuerst einmal: Das Alter spielt überhaupt keine Rolle. Auch jetzt stehen dir noch viele Möglichkeiten offen. Klar, aus dir wird keine Olympiasiegerin mehr werden. Aber ganz ehrlich, auch damals, mit Anfang 20, war uns doch schon klar, dass wir im Sport keine Medaillen erringen werden. Obwohl – hast du von der 50-Jährigen gelesen, die sich gerade für den olympischen Marathon qualifiziert hat?
    Also – die Ausrede ›Für einen (Neu-)Anfang bin ich zu alt‹ lasse ich nicht gelten. Auch als wir jung waren, konnten wir nicht wissen, ob wir alle Zeit der Welt haben würden.

»Zeit ist immer kostbar, nur in der Jugend haben wir uns darüber keine Gedanken gemacht.«

    Denn tatsächlich kann morgen dein Leben ein ganz anderes sein. Einfach nur durch eine neue Begegnung, eine neue Idee oder ein Erlebnis, das deinem Leben eine Wende gibt.

Ist es nicht wunderbar, dass du diesem dann mit so viel Erfahrung begegnen wirst? Ich sehe eine ganze Generation, die der nächsten vormacht, wie selbstbestimmtes Altern geht. Die endlich begreift, dass die Menge an gesammelter Erfahrung

»Stell dir einfach mal vor, dass der spannendste Teil deines Lebens noch vor dir liegt!«

ein großer Schatz ist und eine wunderbare Basis dafür, noch einmal von vorne anzufangen.

Und ist es nicht so, dass unter uns Frauen jetzt eine viel größere Solidarität besteht als noch vor 15 Jahren? So als hätten wir alle dann doch endlich mal begriffen: ›Ja, wir sitzen in einem Boot und nur, wenn wir uns gegenseitig unterstützen, kommen wir weiter.‹ So wie es eben die Männer schon immer gemacht haben. Die Chancen stehen gut und der Moment ist genau jetzt der richtige.

Für Frauen, die Kinder bekommen haben, ist nun die anstrengendste Zeit vorbei und die frei werdende Energie kann wieder in den eigenen Lebensplan investiert werden. Für Frauen, die keine Kinder bekommen haben, ist dieses Thema jetzt endgültig abgehakt – und auch das schenkt eine völlig neue Gedankenfreiheit.

Apropos Wechseljahre: Offenbar sind die Zeiten ja vorbei, in denen über dieses Thema nur hinter verschlossenen Türen und unter Frauen gesprochen wurde. Noch bei unseren Müttern war es keinesfalls gesellschaftsfähig. Doch je offener die Babyboomer-Generation heute darüber spricht, desto eher wird die nächste Generation die Wechseljahre betrachten wie eine zweite Pubertät. Und nie zuvor – so sehe ich das – war es einfacher, ein gleichberechtigtes Altern einzufordern. Ganz schlicht, weil noch nie so viele Frauen gleichzeitig alt wurden und keine Lust mehr haben, sich aufgrund ihres Alters zu verstecken.

Natürlich passen Frauen ab 50 – rein biologisch gesehen – nicht mehr ins Beuteschema fortpflanzungswilliger Männer. Aber sind wir doch einmal ehrlich: Hattest du nicht genug Männer in deinem Leben, die dich wegen deiner Beine toll fanden? Ist es nicht so – von außen betrachtet –, dass es viel erfüllender ist, wenn sich in Gesprächen mit Männern ein Gleichklang ergibt? Und ist Sex nicht immer dann am besten, wenn dieser Gleichklang spür- und erlebbar ist? Gegenseitige Anziehung und Attraktivität ist eben viel mehr als nur eine Sache von Bauch, Beinen und Po. Und dabei denke ich gar nicht so sehr an die viel zitierten ›inneren Werte‹, es geht um Ausstrahlung und Stil. Heidi Klum würde vermutlich sagen: die ›Attitude‹.

Seit einigen Jahren gibt es immer mehr über 50-jährige Frauen, die Stilikonen sind. Wie grandios, dass die US-Amerikanerin Iris Apfel im Alter von 97 Jahren gerade ihren ersten Modelvertrag unterschrieben hat. Ist es nicht toll, dass Frauen heute – ohne darüber nachzudenken – den Stil pflegen können, zu dem sie Lust haben? Vorbei die Zeiten, in denen wir etwa dachten, dass ein bestimmter Haarschnitt nur für jüngere Frauen in Ordnung geht. Heute haben wir das Selbstbewusstsein, genau das zu tragen, was uns gefällt. Und für wen es nicht passt zu altern wie die besagte Stilikone, der – oder vielmehr die – hat die Freiheit, sich doch hin und wieder eine Portion Botox zu gönnen.

Und nimmt nicht mit dem Alter auch die Intensität der Gefühle zu? Einfach weil du weißt, dass deine Zeit hier auf diesem Planeten begrenzt ist. Genießt du es heute nicht viel mehr als früher, im Frühling die ersten Knospen an den Bäumen zu sehen, im Sommer barfuß durch die Wiese zu laufen und nach einem heißen Tag im eiskalten Wasser zu schwimmen? Und im Winter bei Kerzenlicht wunderbare Musik zu hören?

Wie viele Lieder gibt es eigentlich, die in dir inzwischen ein wohliges Gefühl erzeugen? Weil du mit jeder Musik, die du hörst, ein wunderbares Erlebnis deines Lebens verbindest? Weißt du, was ich an deiner Stelle machen würde? Ich würde mir eine Playlist meines Lebens erstellen. Und zu jedem Lied noch einmal tanzen und mit den Beats deinen eigenen Lebensrhythmus wieder spüren.

Ist es nicht wunderbar, dich so gestärkt neuen Herausforderungen des Lebens stellen zu können? Mit der Sicherheit, die es dir gibt, wenn du dich einmal umdrehst und zurückschaust, was du bislang alles schon geschafft hast. Dass du aus Krankheiten und Krisen wieder aufgestanden und dadurch stärker geworden bist.

»Deine Selbstbestimmtheit kommt daher, dass du dich heute so gut kennst und dir auch deiner Schwächen bewusst bist.«

Bestimmt hast du heute auch keine Lust mehr, Menschen von dir zu überzeugen, die mit deiner Art zu leben nichts anfangen können? War das nicht mit 25 noch ein großes Lebensthema für uns alle?

Liebe Sabine, um was ich dich beneide, das sind die langen Freundschaften, die du erlebst. Die Entwicklung von Menschen im Lauf der Zeit zu erfahren – ein Zeugnis dafür,

wie sehr wir uns verändern können und wie sehr Zuneigung auch große Veränderungen aushalten hilft. Und umgekehrt hast du auch gelernt, dass Trennungen und Abschiede von Freunden und ehemals lieben Menschen zum
Leben dazugehören. Und ich beneide dich um die Lieben,
die du genossen hast, und die Erkenntnis, dass Liebe so
vieles möglich und einen so viel reicher machen kann.
Aber umgekehrt auch, dass Liebeskummer eine der größten Herausforderungen ist und dass man sogar diese über-
winden kann. Vielleicht ist jetzt die Zeit gekommen, an
dem du Veränderungen akzeptieren und dich diesen gelassen hingeben kannst. Du hast begriffen, dass Vertrauen
in deinen Weg der einfachste ist. Deshalb finde ich, soll-
test du zuerst einmal dankbar sein, dankbar für all das, was
du erlebt hast und was du jetzt dank deiner Lebenserfahrung noch intensiver erleben wirst. Eben weil du erkannt
hast, dass dein Leben endlich ist.

All das konnte ich selbst vor 25 Jahren noch nicht wissen, als ich zu meiner ersten Reise nach Südamerika aufge-
brochen bin. Eben genau, dass dieses mein Leben endlich
ist. Und wenn ich damals nicht bei dem Absturz des Flug-
zeugs ums Leben gekommen wäre, dann könnte ich heute
mit dir Geburtstag feiern.

Vielleicht hätten wir uns auch ohne dieses Ereignis aus
den Augen verloren. Egal, dann würde ich trotzdem hin
und wieder an dich denken und es auch mit 50 so richtig
krachen lassen. Denn das Leben, es ist das Allerschönste.

Alles Liebe wünsche ich Dir,
Deine Simone

Natürlich ist dieser Brief in Wirklichkeit nie bei mir angekommen. Aber so oder so ähnlich könnte sie mir geschrieben haben, meine Freundin aus der Kinder- und Jugendzeit. Und immer an Punkten in meinem Leben, an denen ich mit meinem Alter gehadert habe, habe ich darüber nachgedacht, was wohl jetzt Simone dazu sagen würde. Dann war es mir wieder klar: Es ist nicht das Alter, das zählt, sondern ob ich in der Lage bin, aus jedem Tag etwas Besonderes zu machen. Jeden Tag als Goody-Bag zu sehen, bei der man nie weiß, was man bekommt.
(Sabine)

**Und was ist,
wenn das Abenteuer
erst anfängt?**

~~~~~

GUT GENUG = GUT GENUG

Ich war selbstständig mit einer eigenen Werbeagentur, als mein Sohn zur Welt kam. Selbstredend kam er an einem Feiertag – er hatte es wahrscheinlich schon in meinem Bauch überrissen, dass dies ein guter oder zumindest ruhiger Zeitpunkt wäre, seine arbeitswütige Mutter nach den gut neun Monaten im Bauch endlich mal aus anderer Perspektive kennenzulernen.

Ich war überzeugt von dem Gedanken, als gut organisierte zukünftige Mutter wunderbar beides wuppen zu können – Job und Kind. Es sei doch, so mein Credo, nur eine Frage der Organisation, alles gut unter einen Hut zu bekommen. Bis heute bin ich mir sicher, dass mein Sohn diese Gedankengänge schon sehr früh verinnerlicht hat. Schon in mir drin. Pränatale Anpassung sozusagen. Denn er war ein Bilderbuchvorzeigekind. So schlief er praktisch von Anfang an durch und war auch tagsüber ein unkomplizierter Engel. Strahlte mich an, sobald er mich erblickte, hatte nur ganz selten Bauch- und Schreikrämpfe und war später während seiner Schulzeit so gut wie nie krank. Und weil alles so »einfach« war, konnte ich praktisch nahtlos weiterarbeiten. Natürlich mit ein paar klitzekleinen Veränderungen.

Also habe ich versucht, mein ohnehin schon durchorganisiertes Leben noch um ein paar Umdrehungen mehr zu optimieren. Irgendwie musste das doch zu schaffen

> Bis einen Tag vor der Geburt habe ich gearbeitet und alles so organisiert, dass ich mir ein paar Tage Auszeit nehmen könnte.

sein. So entwarf ich eng und fest getaktete Tagesabläufe, die ich möglichst akribisch einzuhalten versuchte: Morgens früh aufstehen, mich um das Kind und das Frühstück kümmern, schnell eine Waschmaschine anstellen und eine halbe Stunde joggen (während der Vater aufpasste) – ich wollte schließlich so bleiben wie ich bin –, damit ich um 9 Uhr pünktlich am Schreibtisch sitzen konnte. Mails beantworten, Telefonate führen, Kundenmeetings – die Frisur saß. Immer mit dem Blick auf die Uhr und getrieben vom Gedanken, jede freie Minute und jede Pause mit meinem Sohn verbringen zu wollen. Mittagessen fiel meist aus. War eh besser für die Linie, denn auch die bettelte nach der Schwangerschaft ja drängend um Optimierung. Ich wollte schließlich so bleiben, wie ich bin – ich erwähnte es bereits. Anschließend zurück an den Schreibtisch, am Nachmittag noch mal das gleiche Programm und dann noch die Kampagnenpräsentation für den besten Kunden fertig machen.

Ich war schließlich nicht die einzige frisch gebackene Mutter, die nebenbei eine Karriere am Laufen hatte.

Klar: Nichts war unmöglich! Na gut, wenn es am Nachmittag doch nicht mehr klappen sollte, hätte ich in den nächtlichen Stillpausen noch genug Zeit, um etwas aufs Papier zu bringen. Unter Druck habe ich sowieso schon immer am besten und effektivsten gearbeitet. Wecke den Tiger in dir. So what! Aber vorher noch schnell auf dem Nachhauseweg den Wocheneinkauf erledigen und etwas fürs Abendessen organisieren. Daheim warten ja schon alle …

Wichtig dabei: Immer lächeln, gut aussehen und vor allem gut gelaunt sein. Ich wollte, dass es *allen* gut geht.

Nur einfach gut war mir in all der Zeit nicht gut genug. Und deshalb lief ich permanent auf Höchstgeschwindigkeit, gönnte mir keine, oder nur kleine, Pausen und hatte ständig das Gefühl, dranbleiben zu müssen. Ich musste es schaffen. Just do it! Je mehr ich um die Ohren hatte, umso besser ging es mir.

Dafür habe ich einen Preis gezahlt und der war hoch. Denn auch nachts kam ich schon bald nicht *Allen wollte ich es beweisen: meiner Familie, meinen Freunden, den Männern und vor allem mir selbst.* mehr runter, wachte schweißgebadet auf und schlief nicht mehr ein. Das Kopfkino spielte Actionfilme in Dauerschleife. Aber was soll's, jede hatte doch mal solche Phasen, oder?

Die Alarmsignale habe ich so lange ignoriert, bis mein Körper nicht mehr mitgemacht hat und seine Auszeit mit Gewalt einforderte. Das Pfeifen im Ohr war unüberhörbar. Und wurde immer lauter. So laut, bis ich es nicht mehr ignorieren konnte. Der Arzt wollte mich sofort in eine Klinik stecken. »Ihnen ist klar, so ein Tinnitus ist der Vorbote eines Herzinfarkts.« Aber auch in diesem Moment dachte ich nur: Das geht nicht. Ich habe keine Zeit, mich in eine Klinik zu legen. Ich habe ein Kind und einen Job. Ich kann jetzt in kein Krankenhaus gehen. Also bekam ich jeden Tag ambulant meine Infusionen, während eine Freundin meinen Sohn im Kinderwagen durch die Gegend schob. Mein Wunsch nach Kontrolle war größer als jedes Regulativ von außen.

Wie bescheuert waren wir Babyboomer-Frauen eigentlich, dass wir immer gedacht haben, wir müssten alles parallel schaffen und das auch noch perfekt. Wir haben auf allen

Schauplätzen unseres Lebens performt, haben Vollzeit gearbeitet, uns um Kinder und Männer gekümmert, uns beim Sport verausgabt und dabei noch versucht, möglichst adrett auszusehen. Wir haben gekocht und gebacken und uns freiwillig für Zusatzaufgaben im Kindergarten und später der Schule gemeldet. Wir haben uns gegenseitig mit Kindergeburtstagen übertroffen und die Wäsche lag schon am letzten Urlaubstag wieder gebügelt im Schrank. Wir hatten alle Bälle in der Luft und waren auch noch stolz darauf.

Was hat mich so in diesen Selbstoptimierungswahnsinn getrieben? War es einfach nur eine Zeiterscheinung?

Lag es vielleicht daran, dass wir Frauen um die 30 zum ersten Mal die Chance hatten, Teil des großen Ganzen zu sein? Dem großen Spiel?

War es das Kräftemessen mit den Männern oder die eigene Eitelkeit: Spieglein, Spieglein an der Wand, wer ist die Beste im ganzen Land? In der Schule, im Studium, im Job, als Partnerin und sogar auf dem Spielplatz? Haben wir die Chance, die wir scheinbar endlich bekommen hatten, ein emanzipiertes, gleichberechtigtes Leben zu führen, völlig falsch interpretiert und ebenso genutzt?

Denn nach wie vor waren es die Männer, die die Macht und das Sagen hatten, die das große Geld verdienten, obwohl wir doch alles gegeben haben – und noch viel mehr.

Vor einiger Zeit fiel mir dazu ein Buch der jungen Feministin Laurie Penny in die Hände: *Unsagbare Dinge – Sex, Lügen und Revolution.* Sie beschreibt darin den immer noch andauernden Konflikt zwischen den Geschlechtern. Und die Lüge, die uns in den 1980er- und 1990er-Jahren glauben machen wollte, dass dieser ausgestanden sei. Als selbst – oder gerade – die klügsten Frauen der Illusion verfielen, sie könnten alles haben: Erfolg, Kinder und viel Sex, wenn sie es nur geschickt genug anstellen würden. Zurückgeblieben sind betrogene Erwartungen und bittere Enttäuschungen.

Auch das vermeintliche Ideal der Selbstoptimierung halte ich mittlerweile für ein Luftschloss. Denn Optimierung an sich ist ein technischer Begriff, der auf maschinell gesteuerte Abläufe zugeschnitten ist. Und letztlich war es ja auch genau so – ich wollte ständig die Abläufe in meinem Leben effektiver gestalten, habe versucht, die Zahnräder, die ineinander-

Es kam der Gedanke, dass es so nicht weitergehen konnte. Wo war die Grenze? Wofür das alles?

greifen, immer genauer einzustellen und perfekter aufeinander abzustimmen. Ganz wie bei einem Roboter. Nur war ich halt keiner – sondern eben ein Mensch.

Und irgendwann tauchte – zuerst nur in der Nacht in den Phasen der Schlaflosigkeit und dann auch immer häufiger am Tag – ein Gefühl der Leere auf. Das Gefühl, völlig ausgepumpt zu sein.

Wie lange machten der Körper und auch die Psyche das noch mit? Mir war mit einem Mal bewusst, dass ich die Reißleine ziehen musste. Handeln. Hatte ich schon die erste Hälfte meines Lebens im permanenten Optimierungsmodus hinter mich gebracht, sollte es jetzt nicht so weitergehen und mir meine Gesundheit ruinieren.

Ich habe mich mit anderen Frauen ausgetauscht, die in einer ähnlichen Situation waren wie ich. Das hat mir geholfen, klarer zu sehen, und ich habe auch Konsequenzen für mich gezogen. Ich habe mir Hilfe geholt. Ich fand eine entzückende Tagesomi für meinen Sohn, die zu uns ins Haus kam und ihn betreute, als ob es ihr eigener Enkel wäre, weil ich mittlerweile alleinerziehend war. Ein Luxus natürlich, aber einer, der es mir wert war und der mir ein gutes Gefühl gab. So war ich jederzeit erreichbar für mein Kind und wusste es doch bestens betreut, wenn ich mich um meinen Job kümmern musste.

Damals habe ich mir klargemacht, dass es völlig in Ordnung wäre, nicht mit allen mithalten zu können, nicht immer Höchstleistungen zu bringen und vor allem nicht alles immer alleine wuppen zu müssen, sondern auch Hilfe anzunehmen.

Denn: Mit dem, was ich tat, war ich gut genug. Genau so wie ich war. Ich war genau richtig mit meinen Fähigkeiten, den Dingen, die ich erreicht habe, meinen Charaktereigenschaften und Eigenarten. Und es war mir egal, was die ganze Welt von mir erwartete. Ich bin meinen Weg so gegangen, wie er sich für mich in Ordnung angefühlt hat und wie er mich und nur mich glücklich gemacht hat. Denn es war und ist mein Weg.

Wenn ich heute doch hin und wieder mal rückfällig werde, weiß ich, dass ich die Wahl habe. Ich habe die Wahl, Nein zu sagen, wenn ich etwas nicht will. Ich muss nicht immer funktionieren, wie das Außen es scheinbar von mir erwartet. Und ich kann Ja sagen, wenn ich und nur ich Ja meine.

Sicher muss ich dafür manchmal Abstriche machen, aber das sind in aller Regel Bereiche, in denen es mir nicht wirklich schwerfällt. Und logisch kann ich mich noch immer für Dinge begeistern und mich dann auch entsprechend zu Höchstleistungen pushen. Aber ich muss genau wissen, wofür ich das mache und ob es so für mich in Ordnung ist.

Ich denke, ich habe genug in meinem Leben optimiert und es ist nun an der Zeit, auch mal fünfe gerade sein zu lassen, wenn es sich richtig anfühlt. Davon geht die Welt nicht unter.

(Uli)

Sei, wie du bist.
Es kommt
sowieso raus.

WARUM MEIN ALTER NICHT MEHR DER ALTE IST …

B ei uns auf der Terrasse steht ein schwarzes Ungetüm. Groß, klotzig und sehr dominant. Immer, wenn ich rausschaue, denke ich mir: »Boaaaah, wie hässlich!« Aber dann erinnere ich mich, wie glücklich mein Mann war, als er das erste Mal seinen Elektrogrill angeworfen hat. (Da er meine Texte liest, werde ich hier bestimmt gleich korrigiert … es ist natürlich gar kein lahmer Strombrutzler, sondern so ein mehrflammiges Gasteil). Wohl evolutionsbedingt scheint das Thema Grillen und Mann eine Einheit zu sein. Sicher ist es die Geschichte einer langen Beziehung.

Ich habe einmal gelesen, dass es in England ein Paar gibt, das seit 86 Jahren verheiratet ist: Karam und Kartari Chand. Ganz werden wir beide das nicht mehr schaffen. Wir aber haben tatsächlich beste Chancen, irgendwann auf 70 Jahre Beziehung zurückblicken zu können. Denn mein Mann und ich blicken auf eine Jugendliebe zurück. Selten und romantisch oder selten romantisch. Je nachdem, was die Zeit gerade erfordert hat.

Unsere Jugend – die Zeit der Freiheit

Wir waren ein tolles, junges Paar. Ein Vorzeigepaar. Passten hervorragend zusammen. Mein Mann verkörperte all das, was ich mir von einem Mann gewünscht hatte: Er war Feminist, Surfer :), Musiker und hatte immer grandiose Ideen, was unsere Freizeit anbelangte – im Gegenzug konnte er sich auch für meine Ideen begeistern.

Er ist der beste Schenker ever, alle meine Freundinnen beneiden mich für die liebevollen Geschenke, die ich zu allen Anlässen bekomme. Wir haben uns beide zu unseren jeweiligen Aufnahmeprüfungen begleitet. Er versuchte es an der Journalistenschule in München und ich musste für das Grafikdesignstudium ebenfalls einen Eignungstest bestehen. Wort und Bild – perfect match. Wir waren so verbunden, dass wir uns auch Freiraum gönnen konnten. Ich studierte in Nürnberg, er in München. Wir trennten uns mehrmals, um uns wiederzufinden. Als er für ein Auslandsjahr nach Seattle ging, suchte ich mir dort ein Praktikum und wir lebten in einem kleinen Gartenhäuschen mit zwei Freunden auf einem Grundstück. Alles sehr romantisch.

Wir werden erwachsen – Zeit des Zweifelns

Je mehr unserer Freunde heirateten, desto mehr machten sich bei uns Zweifel breit. Jeder zweifelte für sich und sah sich um. Ich war auf einmal auf der Suche nach einem Hero, der mir sagt, wo es langgeht, und er wünschte sich damals wahrscheinlich eher eine Frau, die zu ihm aufsieht. Eben so, wie wir es

Die Zeit war damals noch nicht reif für uns und wir nicht für ein dauerndes Miteinander.

von unseren Eltern vorgelebt bekommen hatten. Und so befanden wir uns in einer dauernden On/Off-Beziehung.

Und auf einmal, nach einer kurzen ON-Zeit, war ich schwanger. Das Gute daran: Irgendwie waren wir beide erleichtert, dass uns da jemand von außen die Entscheidung abgenommen hat. Wir heirateten mit einem rauschenden Fest am Tag der Taufe unserer ersten Tochter.

Elternzeit – Zeit des Überlebens

Und dann ging es los mit der Elternzeit. Tatsächlich hatten wir vor der Geburt unserer Tochter überhaupt nicht geklärt, wie wir Arbeit, Kind und Haushalt aufteilen wollten. Da wir beide in unseren Berufen kreativ unterwegs waren, gingen wir wohl davon aus, auch das Kind schon irgendwie zu schaukeln. Noch dazu war ich als Grafikdesignerin selbstständig und kannte all die tollen Bilder aus Zeitschriften mit süßen Kindern, die völlig zufrieden am Boden spielen, während ihre Mutter gestylt und konzentriert am Computer an ihrer Karriere bastelt.

Auch wenn sich das jetzt sehr naiv anhört – tatsächlich habe ich mir das Muttersein genauso einfach und schick vorgestellt. Bis dato war in meinem Leben ja auch alles recht einfach verlaufen. Womit ich allerdings nicht gerechnet hatte, war, dass auch mein Mann seine eigenen Vorstellungen von Elternschaft hatte. Und dazu gehörte erst einmal, dass er sich verantwortlich fühlte für das gemeinsame Haushaltseinkommen. Um sich in der verbleibenden Zeit mit Begeisterung seiner Vaterrolle und unserer Tochter zu widmen. Übrig blieb – der Haushalt. Und zwar allein bei mir, größtenteils zumindest.

Mit unserer zweiten Tochter verdoppelte sich dann unser Glück. Aber auch das Chaos. Trotzdem war mein Mann damals einer der ersten seiner Generation, der in Elternteilzeit ging, obwohl es dafür rechtlich noch gar keinen Anspruch gab. Er war also einer von den bis dato noch fast unbekannten sogenannten »neuen Vätern«, was meiner Idee, Familie zu leben, sehr nahe kam. So teilten wir gemeinsam viele unwiederbringliche Momente mit unseren

Kindern. Unsere Verbindung wurde dadurch inniger und tiefer. Trotzdem war er kein sogenannter »neuer« Mann, denn wie ich war er in einem konservativen Elternhaus aufgewachsen und während seiner ganzen Jugend hatte seine Mutter ihm die Wünsche von den Augen abgelesen. Da war auf jeden Fall auch etwas hängen geblieben. Solche Muster wecken bei jedem im tiefsten Inneren Erwartungen, dass es für immer so weitergehen möge ...

Uns fehlte ein Vorbild, wie wir unsere unterschiedlichen Prägungen in einer Beziehung unterbringen konnten, damit wir beide zufrieden waren.

Im Gegenzug dazu lautete einer meiner Glaubenssätze aus der Kindheit: Wenn du erwachsen bist, wirst du für dich selbst sorgen und dich nie abhängig machen.

Und das spiegelte sich in einem dauernden Auf und Ab unserer Beziehung wider.

Halbzeit – Es steht viel auf dem Spiel

Ich erinnere mich an den 50. Geburtstag einer Freundin. Um Mitternacht hielt ihr Mann eine bis heute unvergessene Rede auf sie in Form einer flammenden Liebeserklärung. Die beiden waren zu diesem Zeitpunkt sicher schon 20 Jahre ein Paar. Ich, damals Anfang 40, saß neben meinem Mann und dachte darüber nach, warum er nie eine solche Rede auf mich gehalten hat. Und fragte mich, ob er jemals solche Worte für mich finden würde.

Diese Zeit in unserer Beziehung, nachdem die Kinder aus dem Gröbsten raus waren, war überhaupt die Zeit, in der ich mehr darüber nachdachte, was mein Mann alles NICHT machte. Ich wollte also meine vermeintlichen Rechte einfordern, hatte keine Lust mehr, alleine für den Haushalt verantwortlich zu sein. (Mein Mann schwört allerdings bis heute, dass er schon damals bestimmt 50 Prozent der lästigen Jobs übernommen hat.) Und es begann die Zeit der Vergleiche. »In anderen Beziehungen läuft so vieles so viel besser…« Außerdem gaben wir uns gegenseitig die Schuld für Wünsche in unserem gemeinsamen Leben, die nicht in Erfüllung gegangen waren. Nur, wenn in Beziehungen erst mal die Schuldfrage gestellt wird, ist man meist schon ganz ungünstig miteinander verstrickt.

Man lebt nicht mehr als eigenständiger Mensch, sondern sieht sich nur im Kontext mit dem anderen. Es war nicht einfach.

Reifezeit – Die Ruhe nach den Stürmen
Das mit der Schuldfrage haben wir mithilfe eines geduldigen Paartherapeuten wieder gelassen, zudem hatten wir einfach über jedes kontroverse Thema schon mehr als einmal diskutiert und auch heftig gestritten. Außerdem hatten wir beide mit der Zeit realisiert, dass wir so manche Eigenschaft des anderen wohl niemals ändern würden und dass wir damit auch weiterleben könnten.

Wir wurden tatsächlich kompromissfähiger. Lernten Dinge anzusprechen, die uns wichtig waren, und darüber zu verhandeln, wahrscheinlich effektiver als in so mancher Koalitionsrunde. Glücklicherweise. Öfter wird ja an langjährige Paare die Frage herangetragen, was sie bewogen hat, trotz aller Schwierigkeiten, die das Leben so zu bieten hat, zusammenzubleiben.

Wir haben auch in den schwierigsten Zeiten immer an das Projekt unserer Beziehung geglaubt und hatten positive Visionen, wie unsere Beziehung im nächsten Lebensabschnitt aussehen könnte. Das kann man leider nur von den wenigsten Koalitionen behaupten …

Krisenzeit – Perspektivenwechsel

Dann wurde ich von einem Tag auf den anderen krank. Und das, was mich bis dahin oft an meinem Mann aufgeregt hat, seine Geduld und stoische Art, Dinge, die das Leben einem hinwirft, einfach so hinzunehmen, wurde auf einmal zu Balsam für meine Seele. Denn ich weiß, wie meine Reaktion ausgesehen hätte, wenn es ihn erwischt hätte: Ich hätte alle möglichen Behandlungsmethoden recherchiert, im Freundeskreis nach alternativen Heilern gesucht und ganz bestimmt meinen Mann nicht einfach sein lassen. Denn dazu hat mir immer die Geduld gefehlt. Einfach mal irgendetwas so sein zu lassen, wie es ist. Das erste Mal in unserer langen Beziehung beruhigte mich das. Mein Mann kämpfte nicht gegen meine Krankheit, sondern nahm sie an.

> So habe ich nach Jahren noch eine Seite an meinem Partner lieben gelernt, die ich bis dahin eher anstrengend fand.

Zeit der Erkenntnis – Alles wird gut?

Die Zeiten haben sich geändert. In Beziehungen bestimmen heute nicht mehr nur die Männer, wo es langgeht, und sie müssen auch nach außen hin nicht mehr diesen Eindruck erwecken. Im Gegensatz zur Generation unserer

Eltern ist es gesellschaftlich auch völlig akzeptiert, dass Ehen scheitern können. In Großstädten wird bereits jede zweite geschieden. Aufgrund gesellschaftlichen Drucks und finanzieller Abhängigkeiten muss heute also kein Paar mehr gezwungenermaßen zusammenbleiben.

Wir sind die erste Generation, die die Chance hat, genau hinzusehen, ob eine Beziehung wirklich unsere emotionalen Bedürfnisse erfüllt. Wir alle haben die Wahl.

Wir spüren die Freiheit, jederzeit gehen zu können, und genau deshalb sind langjährige Ehen heute vielleicht die selbstbestimmtesten, weil gewachsenen, und romantischsten Liebesbeziehungen, die es bis dato gegeben hat.

Ich weiß inzwischen, dass mein Mann mich nicht glücklich machen kann, sondern dass alleine ich für mein Glück zuständig bin. Aber es macht mich glücklich, ihn um mich zu haben. Ich spüre, dass wir – bei all den Kompromissen, die wir eingehen mussten – in einer tiefen Geborgenheit leben, die unsere »Beziehungsarbeit« mehr als aufwiegt.

Perfekt wird unsere Beziehung wohl nie sein, aber ich bevorzuge eh ein spannendes Auf und Ab.

Und da sind wir dann noch einmal bei diesem Elektro-, äääh, Gasgrill. Natürlich kann ich verstehen, dass mein Mann gerne so ein – sorry – Männerspielzeug besitzt. Aber das heißt noch lange nicht, dass ich damit einverstanden sein muss, so ein hässliches Ding auf unserer Terrasse stehen zu haben. Und da sind wir wieder bei ihr, bei der beziehungserhaltenden Kompromissfrage. Habe ich ihm eigentlich schon gesagt, wie hässlich ich dieses Ding finde? Das tue ich hiermit, aber ich bin mir sicher, wir wer-

den auch für dieses schwarze Monster noch ein Plätzchen in unserer Beziehung finden.
(Sabine)

**Jeder sollte
jemanden haben,
bei dem er nicht ganz
normal sein muss.**

SCANN MICH
MIT DER APP!

Die
Wildhüter

ÜBER DAS ZUSAMMENLEBEN
MIT ERWACHSENEN TÖCHTERN

Meine großen wunderbaren Kinder sorgen dafür, dass ich immer auf dem Laufenden bin in Sachen neuesten Trends, dass ich weiß, dass das jedes Jahr aufs Neue gekürte Jugendwort Quatsch ist, weil die Jugend es gar nie verwendet. Digitale Trends oder Apps sind für mich keine Wissenschaft und selbst in Sachen Musik bin ich auf dem Laufenden. Netflix und Podcasts habe ich praktisch zeitgleich mit den Jungen entdeckt.

Dies alles habe ich auch der Geduld meiner Töchter zu verdanken, die sich nicht über mich lustig machen, wenn ich nicht alles sofort verstehe. Sondern sich einfach freuen, dass ich am Ball bleibe.

Als meine Kinder in die Pubertät kamen, war ich gewappnet: Wild entschlossen, erstens auf gar keinen Fall die Mutter zu sein, die sich täglich mit ihren Kindern streitet, weil beispielsweise deren Zimmer im Chaos versinken. Zweitens war mein erklärtes Ziel, dass meine Töchter mir von sich erzählen und sich nicht zurückziehen. Das ist mir zumindest während ihrer Pubertät ganz gut geglückt.

In Sachen Erziehung wollte ich von Anfang an vieles ganz anders machen als meine Eltern.

Die meiste Zeit war ich einfach geduldig. Wenn mal wieder sämtliche Handtücher des Hauses spurlos verschwunden waren oder ich mich gefragt habe, wie in kürzester Zeit ein 12er-Pack Wassergläser zu Bruch gehen kann, dann habe ich mich – einem vagen Verdacht folgend – in die Nichtmehr-Kinderzimmer gewagt. Und: Die Handtücher und Gläser waren gar nicht verschwunden – sie waren jetzt nur woanders: gut versteckt unter Kleiderbergen, zwischen Schminkutensilien oder fest verknotet im Kopfkissenbezug. Bei der Gelegenheit habe ich dann meist noch eine ganze Reihe weiterer Gegenstände aus unserem Haushalt entdeckt, die ich noch nicht einmal vermisst hatte. Da ich ja nicht autoritär sein wollte, habe ich entweder nichts dazu gesagt und die verstreuten Dinge klaglos eingesammelt.

Oder irgendwann ein – wie ich meinte – pädagogisch wertvolles Angebot unterbreitet: »Wollen wir mal wieder gemeinsam das Zimmer aufräumen?« Manchmal ließen sich die Damen sogar auf den Deal ein, häufig aber endete der Vorschlag dann mit Türenknallen und Geschrei. Nur knallte nicht ich – wie meine Mutter aus gegebenem Anlass damals in meiner Pubertät –, sondern meine beiden Töchter.

Kaum war die Schule gewuppt, entpuppten sich

Wenn ich mich mal aufregte, wiederholten sie gerne einen viel gehörten Satz: »Mama, chill mal.«

meine Kinder als selbstbewusste junge Frauen und wertvolle Gesprächspartnerinnen, die mich mit ihren reflektierten Meinungen über die Welt und auch das Frausein begeistern und inspirieren.

Nur eines veränderte sich erst mal nicht: Weiter suchte ich im Haus unser aller Handtücher, Tassen, Gläser und inzwischen leider auch manchmal meine Sporthosen unter riesigen Wäschebergen.

Und wie in all den Jahren zuvor traf dies allerdings noch immer meinen Nerv. Wie sollte ich bitte schön chillen, wenn sich im Badezimmer die Wäsche türmte oder ich gerade dabei war, sämtliche über die Stockwerke verteilten Sneaker wieder in den Schuhschrank zurückzubefördern? Wie sollte ich chillen, wenn gleichzeitig die Deadline für einen Auftrag näher rückte und meine Steuerberaterin schon mehrfach die Buchhaltung angemahnt hatte? Trotzdem – für Erziehungsmaßnahmen war es jetzt definitiv zu spät. Dass ich mit diesem Problem nicht alleine war, sah ich öfter mal auf Facebook. Unvergessen das Bild der völlig zugemüllten Küche einer Freundin, die nach einem zweiwöchigen Urlaub nach Hause kam. Die Kommentare fast aller Eltern darunter lauteten ähnlich: »Oh jee, das kennen wir auch.« Oder: »Komm bei uns vorbei und schau dir das Badezimmer an, das meine Tochter alleine benützt!« Die Kinderlosen zeigten sich angesichts dieses ihnen fremden Mikrokosmos meist kompromissloser: »Schmeiß sie raus!« oder »Engagiere eine Putzfrau und lasse sie sie bezahlen« waren die pragmatischsten Vorschläge.

Wie also sollten wir Eltern angesichts solcher Verhaltensauffälligkeiten chillen, wenn wir doch sehr gut glaubten zu wissen, was ein Mensch an Handwerkszeug benötigt, um ein erfolgreiches, sozialverträgliches Leben zu leben? Und wenn wir fürchteten, diese Art von Verhaltensbasics seien bei unserem Nachwuchs nicht richtig angekommen? Oder steckte hinter diesem Satz nicht noch etwas Größeres? Vielleicht war in ihm auch die leise Aufforderung enthalten, die eigene Lebensweise einmal zu hinterfragen? Was unser Nachwuchs uns vorlebt, könnte für uns Ältere einen Blick wert sein. Und damit meine ich jetzt nicht die Erhaltung von Schmutzwäschebergen. Sondern eher die Ermunterung, auch einmal innezuhalten, zu chillen und zu erkennen, dass viele Verhaltensweisen, die für die Babyboomer selbstverständlich waren, heute eher Auslaufmodelle zu sein scheinen.

Vielleicht haben unsere Kinder beschlossen, dass das Hamsterrad der Eltern für sie nicht das Richtige ist.

Tatsächlich mehren sich auch in meinem Bekanntenkreis die Stimmen, die sagen: »Wie doof waren wir eigentlich, dass wir immer mehr und mehr gearbeitet haben, um uns, wie wir dachten, selbst zu verwirklichen. Und wir dann in Folge auch viel intensiver konsumiert haben als die Generationen vor uns. Sind nicht die meisten von uns damit auf eine perfekte Marketingmaschinerie reingefallen?«

Das erste Mal in der Geschichte der Menschheit, da sind sich viele Wissenschaftler einig, ist in den westlichen Industrienationen dieser Welt eine Generation groß geworden, die sich im Heranwachsen keinen Hierarchien unterwerfen musste. Wir Babyboomer hingegen wurden noch von Erwachsenen erzogen, die genaue Regeln dafür hatten, wie das Leben zu laufen hat. Fragen wie: »Wer ist oben, wer ist unten?« oder »Was ist richtig, was ist falsch?« haben die meisten unserer Eltern eindeutig für uns beantwortet. Wir bekamen zudem klare Ansagen – zu allem und jedem. Zweifel waren den Nachkriegsnachkommen fremd oder sie gestatteten es sich und anderen nicht. Heute existieren beispielsweise unterschiedliche Lebensmodelle gesellschaftlich mehr oder weniger gleichberechtigt nebeneinander. Vielleicht sind meine Ratschläge, die die Kinder bei mir suchten, deshalb in der Regel auch nicht so absolutistisch ausgefallen. Mir war es zum Beispiel wichtig, sie darauf hinzuweisen, dass es immer auch noch andere Blickwinkel gibt, das Leben zu betrachten. Und dass es viele Wege zum Glück gibt.

Wir waren und sind uns oft auch gar nicht so sicher, was richtig und was falsch ist.

Trotzdem oder vielleicht gerade weil ich der Meinung war, dass meine Empfehlungen eher eine Diskussionsgrundlage bei drängenden Fragen sein sollten, traf es mich umso härter, dass meine Einschätzung irgendwann selbst zu den kleinsten Angelegenheiten nicht mehr erwünscht war.

Es ist doch wahnsinnig schnell gegangen, dass meine Kinder mir entwachsen sind. Und andererseits ist die Zeit, in der es darum ging, sie auf ihrem Entwicklungsweg zu beschützen und zu stärken, doch zu lange gewesen, als dass ich den Hebel sofort umlegen könnte…

So versuche ich jetzt, nur noch das Leben meiner Töchter zu beobachten und über die Handtuchberge hinwegzusehen. Sie ihre Fehler machen zu lassen, die unter Umständen gar keine sind. Denn Dinge, die uns heute merkwürdig erscheinen, können in 20 Jahren ganz normal sein.

Viel habe ich von meinen erwachsenen Kindern gelernt: So hinterfrage ich vieles und versuche, Neuem gegenüber aufgeschlossen zu sein. Ich bin mir sicher, dass die Generation der jungen Erwachsenen sich nicht mehr so sang- und klanglos in Hierarchien und enge Zeitpläne einordnen wird. Das ist ein Ergebnis unserer aller Erziehung. Vielleicht wird dies Teile der Gesellschaft positiv durchdringen. Denn viele Modelle, die wir noch gelebt haben, sind gerade dabei, sich selbst zu überholen.

Ich habe mir bei meinen Töchtern auf jeden Fall abgeschaut, wieder mehr auf meine Bedürfnisse zu achten, meine Grenzen zu akzeptieren, immer mal wieder Pausen einzuschieben und zu begreifen, dass nicht alles, was ich erledige, 100-prozentig sein muss. Einfach mehr zu chillen. Denn wir alle leben nur einmal.
(Sabine)

**Chillen ist die Kunst,
sich beim
Ausruhen nicht
zu langweilen.**

DAS GROSSE LOSLASSEN

Frühjahr 2010. Wir sitzen mit Freunden, die gleichaltrige Kinder haben, im Sommer gemeinsam auf der Terrasse und es geht – mal wieder – um das leidige Thema Schule, im Besonderen: den Übertritt. Das »kleine Abitur«, das in Bayern unsere zehnjährigen Stöpsel über sich ergehen lassen müssen, wenn sie sich für eine weiterführende Schule qualifizieren wollen. Ich erinnere mich an den Satz: »Wir wollen sie ja nur auf den Weg bringen.«

Auf den Weg bringen – das ist meinem Mann und mir offenbar gut gelungen. Denn unsere Töchter haben sich inzwischen auf einen weiten Weg gemacht, weit weg von uns. Die Ältere studiert derzeit in Lissabon und unser Nesthäkchen hat sich Wien als Studienort ausgesucht. Wir Eltern wohnen in München. Zaghafte Versuche unsererseits à la »Wie wäre es denn mit Regensburg? Oder vielleicht Passau?« wurden von beiden vehement abgeschmettert. »Dann sind wir ja nicht wirklich weg.« Ja eben, genau darum ging es uns ja, ihrem Vater und mir. Musste es denn gleich so weit weg sein?

Eigentlich müsste ich ja schon lange Meisterin im Loslassen sein. Denn ich habe in dieser Hinsicht schon einige Lektionen hinter mir: Kurz nach der Geburt unserer ersten Tochter bin ich eines Morgens mit Tränen im Gesicht und einem dicken Kloß im Hals aufgewacht, denn ich hatte einen verrückten Traum: Mein süßes Baby, das neben mir im Bett lag, war in meinem Traum schon erwachsen gewesen und ich hatte es zum Flughafen gebracht. Es flog nach New York. 16 Jahre später stand ich dann tatsächlich am Flughafen und hatte genau diesen Kloß im Hals, weil unser Teenager für ein Austauschjahr nach, ja genau, New York gezogen ist.

Das Loslassen hat mich damals kalt erwischt und sich wie Liebeskummer angefühlt.

Drei Monate habe ich gebraucht, bis ich mich an unsere nun kleinere Familie gewöhnt hatte. Bis ich akzeptiert hatte, dass der Trubel im Haus eben proportional zur Abwesenheit einer Person abnimmt.

Und kaum hatte die Ältere das Abitur in der Tasche, hat sie sich wieder auf den schon erwähnten Weg gemacht, um ALLEINE um die Welt zu reisen. Unsere Bitten, zumindest regelmäßig WhatsApp-Nachrichten zu schicken, wurden mit einem »Das-stresst-mich-nur« schlicht und einfach als unmöglich abgelehnt. Also Übung für Fortgeschrittene im Loslassen …

Deswegen hatte es unsere kleine Tochter schon etwas leichter – und wir übrigens auch –, als sie sich ebenfalls auf den Weg gemacht hat, um die Welt zu entdecken. Dieses Mal hatten wir keine Forderungen gestellt, sondern lediglich erwähnt, dass wir uns hin und wieder über WhatsApps freuen würden. Einfach nur, um zu wissen, dass es ihr gut geht. Und es ist ihr gut gegangen. Und uns als Paar erstaunlicherweise auch.

Nach ihrer Reise kam sie dann noch einmal zu einer kurzen Stippvisite nach Hause, bevor sie vor Kurzem ihre Kisten gepackt hat und für das Studium nach Österreich gezogen ist. Nicht ohne vorher keck zu bemerken: »Wenn ich weg bin, werdet ihr alt.« Was das Kind auch immer damit gemeint hat…

Wenn ich es realistisch betrachte, macht es mich natürlich erst einmal unglaublich stolz, diesen beiden tollen jungen Frauen dabei zuzusehen, wie sie ihr Leben in die Hand nehmen. Natürlich noch manchmal etwas wackelig… Und schwupps, schon habe ich wieder ein Bild vor Augen – wie sie vor Jahren laufen gelernt haben. Es wiederholt sich eben alles nur auf einem anderen Level. Damals hatte ich Tränen vor Rührung in den Augen. Heute auch.

Auf einmal gab es den Stressfaktor Erziehung zwischen uns nicht mehr. Wie unglaublich entlastend!

Als ich von zu Hause ausgezogen bin, kann ich mich nicht an Tränen der Rührung bei meinen Eltern erinnern. Eher an eine spürbare Erleichterung. Und ich frage mich: Was ist da eigentlich innerhalb einer Generation passiert? Warum geht es mir ganz anders? In unserem Freundeskreis wohnen viele erwachsene Kinder noch zu Hause bei den Eltern und selbst unsere unabhängigen, großen Töchter fahren noch immer mit uns in den Urlaub.

Als ich 16 war, haben meine Eltern ein exotisches Reiseziel ausgesucht und mir angeboten, mit ihnen in den Urlaub zu fliegen. Ich bin aber lieber mit meiner Clique zum nahen Gardasee gefahren. Dies war für mich, aber auch für all meine Freunde ein Zeichen dafür, jetzt endlich erwachsen zu sein. Wir wollten unser eigenes Ding machen, wie unsere Eltern ja auch das ihre. Die wollten nämlich gar nicht so eng zu uns gehören und alles verstehen, was uns bewegt. Es gab ehrlicherweise auch wenige gemeinsame Interessen. Ich hörte nicht die Musik meiner Eltern und sie konnten nichts mit Supertramp und Co. anfangen. Meine Eltern interessierten sich nicht für Filme, von denen ich begeistert erzählte. Im Gegenzug konnte ich mich damals noch nicht für ihre Theaterleidenschaft erwärmen. Es gab keine Schnittmenge zwischen uns. Zudem hatten sich die meisten Eltern von uns Babyboomern ab einem gewissen Alter nicht mehr so viel um uns gekümmert. Nächtliche Fahrdienste, Hilfe bei Referaten in der Schule oder gar Unterstützung bei seelischem Kummer waren in unserer Jugend eher eine Seltenheit. Das mag – gerade aus heutiger Sicht – schade und sogar ein bisschen traurig erscheinen. Aber es hat definitiv einen Vorteil: Es macht eine Ablösung für beide Seiten leichter.

Wie bitte geht aber Ablösung, wenn man das Gefühl hat, vieles zu teilen und ähnlich zu sehen, und wenn man den anderen gar nicht als nervig empfunden hat? Wenn das Zusammenwohnen eher wie eine lustige WG funktioniert hat. (Na ja, nicht ganz, die Haushaltspflichten waren eindeutig ungleich verteilt.)

Oder spielt bei all den Problemen mit dem Loslassen noch etwas ganz anderes eine entscheidende Rolle: das Gefühl, kein Teil der Jugend mehr zu sein, wenn die Kinder nicht mehr zu Hause wohnen?

Fällt es uns so schwer loszulassen, weil wir nicht autoritär waren und unsere Kinder eher partnerschaftlich erzogen haben?

Nicht alt werden zu wollen, der »Jugendwahn«, gilt ja als ein weitverbreitetes Phänomen unserer Zeit. Auch wenn der spanische Surrealist Salvador Dalí schon seinerzeit anmerkte, das größte Übel der Jugend bestünde darin, dass man nicht mehr dazugehöre…

Okay, wir gehören jetzt also nicht mehr so richtig dazu. Gekauft, auch wenn's schwerfällt. Aber so ein bisschen noch teilhaben, das müsste doch möglich sein. Gerade in diesen Zeiten der fast unbegrenzten digitalen Kommunikationsmittel, die selbst kontinentale Entfernungen praktisch bedeutungslos machen: SMS, WhatsApp, Videochat, Sprachnachrichten.

Aber ich fürchte, das macht es nicht leichter – für uns nicht und auch nicht für unsere Kinder. Denn sie sind permanent erreichbar. Wie können wir als Eltern die Verbindung halten, ohne nervig zu werden? Und wie können unsere Kinder sich von uns lösen, wenn wir doch allzeit für sie greifbar sind? Wahrscheinlich ist es einfach ein Trial-and-error-Experiment. So wie die gesamte Erziehungszeit es ja eigentlich auch war. Unsere ältere Tochter hat jetzt bei WhatsApp gleich mal die blauen Haken abgestellt. Sie fühle sich kontrolliert, meinte sie. Von wem, das hat sie nicht gesagt. Aber ich ahne es. Und wenn ich mich an die freiheitsliebende Sabine zurückerinnere, die ich mit 20 war, dann kann ich mich sehr gut in sie hineinversetzen.

Es gilt also, die freiheitsliebende junge Frau in mir wiederzubeleben, die irgendwo auf dem langen Weg zwischen Windeln, fester Zahnspange und Schulaufgaben ihrer Töchter abhandengekommen ist.

Seit zwei Wochen sind mein Mann und ich jetzt richtige Empty Nester. Unserer Lektorin hatte ich mitgeteilt, dass ich diesen Text erst schreiben will, wenn unsere Jüngste auch ausgezogen ist. Damit ich ehrlich darüber berichten kann, wie es sich anfühlt. Also, here we go.

Der Abschied in Wien von unserer Jüngsten fühlt sich seltsam unwirklich an. Wir gehen, nachdem wir ihr geholfen haben, die Kisten in ihr neues Zuhause in den dritten Stock zu tragen, noch einen kurzen Kaffee trinken. Dann war das Kind auch schon verabredet und es war Zeit, sich zu verabschieden. Und mit einem kurzen »Tschüss Mama« und »Tschüss Papa« schreitet sie leichtfüßig davon. Offenbar mit viel Freude in eine spannende, ihr unbekannte Zukunft. Wie gerne hätte ich es ihr gleichgetan. Aber meine Füße fühlen sich schwer an wie Blei.

Es kommt mir vor, als wäre diese ganze Elternzeit im Zeitraffer an mir vorbeigezogen. *Zu Hause spüre ich erst einmal nur die gähnende Leere. Im Haus und irgendwie auch im Kopf.* Dabei kann ich mich noch gut erinnern, dass ich früher, als unsere Kinder noch klein waren, immer dachte: »Soll das jetzt eigentlich ewig so weitergehen?« Ewig keine Freiheiten mehr, keine Zeit mehr für mich selbst?

Doch mit jedem kleinen Loslassen kam fast unmerklich ein Stückchen Freiheit zurück. Ob das der Kindergartenanfang war, die Grundschulzeit oder der Eintritt in die weiterführenden Schulen.

Oder die ersten Wochenenden in den Bergen wieder zu zweit mit meinem Mann, weil die Kinder auf einmal keine Lust mehr hatten, mit uns wandern zu gehen. Rückblickend stelle ich fest, dass die ganze Erziehungszeit im Prinzip eine Übung war – ein Training für die Zeit jetzt, für das große Loslassen oder die große Freiheit, die ich nun wiedergewonnen habe.

Und tatsächlich regt sich in mir auch eine andere Stimme. Ich fühle mich wirklich frei. Frei von Verantwortung.

Frei davon, in der Nacht aufs Handy zu schauen, ob unsere Tochter uns eine Nachricht hinterlassen hat, wann oder ob sie heimkommt. Frei davon, den Kühlschrank für die ganze Horde stets gut gefüllt zu halten. Tatsächlich bin ich diese Woche das erste Mal seit 20 Jahren wieder mit einer Erkältung ohne schlechtes Gewissen im Bett gelegen. Denn da war keiner, der irgendetwas von mir erwartet hätte. Auf einmal denke ich über Pläne nach, die ich immer hatte und deren Umsetzung mir immer unerreichbar schien.

Es hat einfach die Zeit dafür gefehlt. Jetzt weiß ich: Außer mir selbst kann mich jetzt niemand mehr davon abhalten, diese Träume auch zu verwirklichen. Es gibt keine Ausreden mehr. Keine Kinder, die zu jeder Tages- oder Nachtzeit etwas von mir wollen.

In einer Woche laufe ich mit meiner jüngeren Tochter zusammen den Halbmarathon. Ob wir ihn leichtfüßig laufen werden? Das weiß ich noch nicht. Aber eines weiß ich: Wir beide laufen einer neuen unbekannten und spannenden Zukunft entgegen.

(Sabine)

**Wer loslässt,
hat beide
Hände frei.**

COOLE ELTERN GIBT ES NICHT

M al ehrlich, die meisten von uns wollen doch cool sein, oder? Und wir wollen nicht nur cool, wir wollen vor allem coole Mütter und Eltern sein. Und was wir gar nicht sein wollen, ist: peinlich. Wir träumen von diesen tollen offenen Gesprächen mit unseren Kindern, geprägt von Respekt, Akzeptanz und Wertschätzung, von gemeinsamen Unternehmungen und dass sie immer und ständig gerne nach Hause zu uns zurückkehren werden, wenn sie uns längst entwachsen sein werden und… Ich sagte ja, wir träumen.

Aber ich denke immer noch – obwohl ich jetzt einen rebellierenden Teenager um mich habe –, es könnte doch noch funktionieren, irgendwie und irgendwann. Irgendwann vor allem. Dann bin ich die coole Mama. Denn ich finde mich schon cool. Schließlich habe ich einen Blog aufgebaut, und zwar einen coolen Lifestyle-Blog, und ich bin auf Instagram, hab einen coolen Job und überhaupt, für mein Alter…

Ich bringe doch alles mit, was an Coolness möglich ist. Zumindest sehe ich das so.

Vielleicht eine etwas einseitige Sichtweise auf mein Leben, das gebe ich ja zu, aber irgendeiner muss ja dran glauben. Auch wenn das nicht unbedingt mein Sohn ist.

Seit mein Kind in der Pubertät angekommen ist, bin ich als Mama nicht cool und schon gar nicht megacool, sondern – einfach nur peinlich. Punkt und Ende der Fahnenstange. Da kann ich machen, was ich will: Es ist immer – oder sagen wir fast immer – knapp oder voll daneben.

Es reicht schon, in einem für ihn unpassenden Moment zu Hause aufzutauchen. Alleine, dass ich da bin, ist oft schon zu viel. Und da ich mich ja nicht permanent in Luft auflösen kann, ist es mir praktisch unmöglich, nicht peinlich zu sein.

Aber trotzdem, es ist schön, einen Sohn zu haben. Ganz sicher ist er das Beste, was mir passieren konnte, ein großer Schatz. Vor allem, wenn ich nicht gerade mit ihm etwas für die Schule vorbereite, mir mitten in der Nacht ein von ihm vergessenes Referat aus den Rippen leiere, mit ihm neue Schuhe kaufen muss oder ihn gar einmal um einen Haushaltsdienst bitte.

Nun gibt es ein paar Regeln des Zusammenlebens, die ich aufgrund der etwas erschwerten Bedingungen (Pubertät, siehe oben) in der letzten Zeit eingeführt habe. Oder sagen wir mal so: Ich habe mir selbst ein paar Regeln auferlegt, um nicht ständig »daneben« zu sein.

Auf keinen Fall darf ich irgendwas von ihm fordern, wenn er gerade Musik hört oder mit einem Kumpel am Zocken ist. Und schon gar nicht so Dinge wie kurz etwas fürs Abendessen zu besorgen oder die Blumen auf dem Balkon zu gießen. Denn diese Belastung ist für meinen Sohn schlicht eine Zumutung!

Alles ist gut und alles ist easy, solange ich nicht mit ihm über Schule und den damit verbundenen Leistungsanspruch spreche. Ein weites Feld der gepflegten Uncoolness für betroffene Eltern. Dabei sehe ich eh schon geflissentlich darüber hinweg, dass er einzelne Unterlagen aus den verschiedenen Fächern zwanglos als Loseblattsammlung in seinen Rucksack gestopft hat – zusammen mit versteinerten Pausenbroten, ausgewickelten Kaugummis, abgebrochenen Stiften und ausgelaufenen Getränkedosen. Dazwischen taucht hin und wieder auch eine verknüllte Einladung zum Elternabend auf oder der – leider vergessene – Noteninformationsbogen für Eltern.

Zur Kompensation des Strukturausfalls im Hirn meines Kindes wirke ich als erweiterte Hemisphäre, hefte ab und spitze Stifte. Zur Not bügle ich auch mal eine Elternabendeinladung glatt. Einfach nur so aus Spaß! Glattbügeln ist praktisch eine meiner Kernkompetenzen. Ist das nicht richtig cool?

Ich unterstütze mein Kind sogar noch in seiner Verpeilung in all meiner mütterlichen Coolness. Ein pädagogisches No-Go!

Auch ein Phänomen, das mich immer wieder – aber auch wirklich immer wieder – überrascht, sind fehlende Aufzeichnungen von offenbar absolvierten Unterrichtsstunden sowie Hefte und Bücher vor anstehenden Schulaufgaben und Exen. Die Vorbereitungsunterlagen hat er als Einziger in der Klasse nicht bekommen, die Hefte liegen im Spind – da liegen sie vor einer Schulaufgabe ja auch gut und sicher – und das Mathebuch ist seltsamerweise schon seit Wochen verschwunden. Wann, wo und vor allem wohin? Keine Ahnung! Einfach weg! Als aus Erfahrung schlau gewordene und damit natürlich völlig uncoole Mum (ja, nicht Mama) habe ich aber vorsorglich alle Bücher, die ihm als bayrischem Schulkind freundlicherweise kostenfrei zur Verfügung stehen, noch einmal gekauft und zu Hause deponiert. Wie spiiiießig! Ich gebe es zu, aber es ist die einzige Chance für ihn und für mich, jemals Zugriff auf ein Schulbuch zu haben. Nicht, dass ich persönlich es bräuchte – es geht darum, meinem Sohn den Fluchtweg abzuschneiden. Dafür nehme ich auch mal fünf Minuspunkte auf der Coolnessskala in Kauf.

Froh bin ich aber schon, dass mich die »individuellen Förderpläne« (zu meiner Zeit hießen die noch »Blauer Brief«) regelmäßig und rechtzeitig über die »etwas abfallenden« Leistungen meines Sohnes informieren. Klar, anders würde ich von dieser besorgniserregenden Entwicklung hinsichtlich eines Schulabschlusses ja auch nichts erfahren. Denn mein Sohn ist eher wortkarg, was dieses wie auch fast alle anderen Themen der Welt im Großen und Ganzen wie auch im Besonderen betrifft. Und offensichtlich stören ihn seine Wissenslücken auf diesen Feldern nicht halb so viel wie mich. »Wozu gibt's schließlich ›Hey Siri‹, Mama? Chill mal!« Vielleicht hat er ja sogar recht. Vielleicht sollte ich der Statistik vertrauen, die besagt, dass nur etwa zehn Prozent des in der Schule erworbenen Wissens tatsächlich zum späteren beruflichen Aufstieg eines ehemaligen Schülers beitragen.

Also, wozu die Aufregung? Cool bleiben.

Doch es gibt ja auch durchaus Positives zu berichten. Mittlerweile wundere ich mich nämlich nicht mehr darüber, dass plötzlich auch Menschen mit einem Y-Chromosom multitaskingfähig sind – zumindest was die Mediennutzung angeht. Wenn ich das Zimmer meines Sohnes betrete, höre ich lautstarke Musik, Fernseher und Rechner sind gleichzeitig an, am Handy wird gechattet, auf dem Tablet läuft ein Spiel und zugleich schiebt er sich auch noch eine Handvoll Chips in den Mund!

Kein Wunder, dass er überfordert reagiert, wenn ich ihn bitte, die dreckige Wäsche mit herunterzubringen, wenn er zum Frühstück an den gedeckten Tisch kommt. Das sind ja dann schon mehr als zwei Dinge auf einmal! Geht sooo gaaaar nicht!

Lange habe ich mir ja vorgemacht, dass Shopping mit Jungs eine relativ entspannte und einfache Sache sei. Und eigentlich ging es neulich auch nur um die Anschaffung eines neuen Paars Sneaker. Eine meiner leichtesten Übungen. Dachte ich! Zumal die momentan angesagte Marke auch über einen eigenen Shop vertrieben wird, war ich zuversichtlich, dort auch flott fündig zu werden ...

Der Weg zur Coolness führt definitiv nicht über ein pubertierendes Kind.

Nun ist es aber gar nicht so leicht, wenn ER bei der Wahl des Modells einerseits dem Mainstream folgen muss, um auf gar keinen Fall aus der Reihe zu tanzen, aber andererseits nicht das haben will, was alle haben. Und vor allem, wenn ER gar nicht weiß, was ER eigentlich will. Selbst der total coole Verkäufer ist ratlos. Also, auf in den nächsten Laden. Gelandet sind wir in einem dieser angesagten Shops, in denen mich das Personal zunächst offenbar als Irrläufer betrachtet und erst einmal komplett ignoriert. Der hippe Kundenbetreuer trägt eine Hose, deren Schritt kurz über den Knöcheln endet und in der locker zwei von seiner Sorte Platz gehabt hätten. Viele, viele Minuten uncooler Warterei später wirft er mir ein cooles »Hey, was geht?« zu. Ja, nix geht! Denn auch hier werden wir leider wieder nicht fündig. Zu sehr

Mainstream, zu rot, zu weiß, zu blau, zu ... teuer!!! Ich zahle doch keine 325 Euro für ein paar Stoffsneaker!

Sieben (ich übertreibe hier nicht!) Shops weiter – mein Nervenkostüm ist mittlerweile auf Nanometer zusammengeschrumpft und mein Schrittzähler zeigt mir 17 687 Schritte = 12,2 Kilometer!!! – landen wir wieder in Shop Nummer eins! Die dort, jetzt weiß mein Kind es sicher, waren halt doch die besten. Hat das nicht die coole Mama schon von Anfang an gesagt? Da soll mir mal einer sagen, Shoppen mit Mädels sei anstrengend.

Aber klar, ich muss sagen, als Pubertierender hat man es mit seinen Eltern ja auch nicht leicht. »Du bist sooo peinlich!!!« Ich glaube, mehr Verachtung als ein vor Freunden bloßgestelltes Kind kann keiner in diesen Satz legen. Wobei die vermeintliche Peinlichkeit lediglich darin besteht, dass ich ein flüchtiges »Hallo, wie geht's?« in die Gruppe um meinen Sohn entsende, der genau um diese Abholung gebeten hat.

Um diesen Fehler nicht noch einmal zu begehen, habe ich mir vorgenommen, das nächste Mal einfach geduldig im Auto sitzen zu bleiben und ihn dann, wenn's denn passt, stumm nach Hause zu bringen. Kein »Hallo« und schon gar keine peinlichen Fragen, wie denn der Abend gewesen sei. Ich bin ja nur die Chauffeuse und die hat gefälligst die Klappe zu halten.

Ein sehr gutes Beispiel für diese Form der Eltern-Kind-Interaktion war auch die letzte Klassenfahrt. Treffpunkt Sonntagmorgen, 6.30 Uhr. Da ich um diese Zeit noch keine anderen Pläne hatte, habe ich ihn natüüüürlich zum Bus gebracht. Während der Autofahrt hat mir mein Sohn mit Nachdruck eingeimpft, jedwede Peinlichkeiten am Ablieferungsort dringend zu unterlassen.

Ach was. Danke! Darauf wäre ich gerade noch selber gekommen. Da er mir aber (meiner Meinung nach ohne Grund) nicht wirklich getraut hat, kam er auf die grandiose Idee, ich möge doch bitte gar nicht erst anhalten, sondern im Schritttempo am wartenden Reisebus vorbeifahren. Er selbst würde – und das meinte er ernst – aus dem rollenden Auto springen. »Alles easy, Mama!« Nach einem hieran anschließen-

Abschiedsküsse, Kosenamen, Gewinke oder sonstige Szenen – streng verboten!

den kleinen, aber feinen Wortwechsel hielt ich 300 Meter weiter um die Ecke und ließ ihn seinen schweren Rucksack alleine zum Bus schleifen.

Entschädigt wurde ich dann allerdings bei der Abholung nach dem Klassenausflug. Da war mein Sohn nämlich durch stetigen Schlafentzug derart sediert, dass er mir in die Arme gesunken ist und ich sogar seinen Rucksack zum Auto tragen durfte. Auf einmal wieder Kind. Wenn auch nur für einen kurzen sentimentalen Augenblick.

Neulich dachte ich mir, es wäre einfach mal klasse, wenn man sich für die Schul- und Pubertätszeit in eine Art Elternbeurlaubung begeben könnte. Nach ein paar Jahren kommt man erholt und frohen Mutes aus der kleinen Auszeit zurück, hat die hormonell gesteuerten Ausbrüche und das sonstige Chaos verpasst und nimmt einen glücklichen, ausgeglichenen jungen Erwachsenen in die Arme. Hört sich gut an, oder? Nur finde ich leider den Urlaubsschein nicht mehr. Und so bleibt mir nichts anderes übrig, als mental auf Reisen zu gehen. Ich liege an einem Strand unter Palmen und lausche dem Rauschen der Wellen – statt den hämmernden Bässen aus dem Zimmer meines Sohnes. Und statt uncool um Mäßigung zu bitten, zähle ich von zehn bis null und finde zu mir. Bum-bum-bum-Schakalaka, Ommm!

Die entscheidende Frage, die ich mir aber immer wieder gestellt habe, lautet: Wie gehe ich mit all diesen pubertären Abgrenzungs- und Coolnessthemen um, ohne völlig aus meiner Spur zu geraten? Es gibt eine Menge Erziehungsratgeber oder auch Freunde, die mir in der einen oder anderen Situation weitergeholfen haben. Aber schlussendlich habe ich festgestellt, dass es nur eine Möglichkeit gibt, damit wir beide unbeschadet aus dieser Zeit herauskommen: HUMOR!

Tatsächlich versuche ich schon seit Längerem, alles nicht so ernst zu sehen und vor allem nichts persönlich zu nehmen.

Das ist nicht immer leicht, vor allem wenn sich die Gemüter erhitzt haben und eine Situation zu eskalieren droht, weil ich mir doch wieder Sorgen mache… Aber ich weiß mittlerweile, er meint es nicht so und er meint vor allem nicht mich. Er ist mit manchen Dingen genauso überfordert, wie ich es bin, und er ist einfach in der schwierigen Phase zwischen Kind und Erwachsenem. Nicht Fisch, nicht Fleisch. Da ist einfach vieles schwer einzuordnen. Aber ich weiß, er will mich nicht verletzen, auch nicht mit seltsamstem Verhalten – ganz sicher nicht.

Wenn ich mir also ab und an all diese Erziehungssituationen, die mich erst mal ratlos machen, vor Augen führe, dann fällt mir das wohlbekannte afrikanische Sprichwort ein: »Es braucht ein ganzes Dorf, um ein Kind großzuziehen.« Nun bin ich zwar kein ganzes Dorf, aber ich wuppe das trotzdem seit so vielen Jahren ganz alleine!

Finde ich eigentlich schon megacool…

(Uli)

**Natürlich bin ich peinlich.
Das gehört zu den
Kernkompetenzen
einer Mutter.**

~~~~~

TRINKT MAN VOR ODER
NACH DEM ELTERNABEND?

Das Thema Schule ist bei mir, oder besser bei uns, ein ganz, ganz großes. Und ich sehne nichts mehr herbei, als … Film ab: Alice Cooper röhrt *School's Out*, mein Sohn läuft in Slow Motion mit seinem Abschlusszeugnis wedelnd aus dem Schulgebäude und nimmt mich freudestrahlend in die Arme. Wir lachen beide übermütig und wirbeln uns durch die Gegend. Er blickt mich glücklich an, ich klopfe ihm anerkennend auf die Schulter und schaue ihm voller Bewunderung in die Augen. Arm in Arm kehren wir dem »Schlachtfeld Schule« den Rücken und reiten in den Sonnenuntergang, um nun endlich in ein stressfreies Leben zu starten. Ende.

Doch zurück zur Realität.

Wir, mein Sohn und ich, wir beide, befinden uns beim Thema Schule in einer Art andauerndem Nahkampf. Dabei war ich immer davon überzeugt, mit *meinem* Abiturzeugnis in der Hand und dem Verlassen meines Schulgebäudes diese emotional höchst anspruchsvolle Zeit ein für alle Mal hinter mich gebracht zu haben. Ich wusste: Nie wieder Schule! *School's out forever!* Ich habe die Schule nie als die »schönste Zeit meines Lebens« empfunden. Ja, das Studium danach, das war eine tolle Zeit. Zweifelsohne richtig klasse – aber die Schule habe ich nie entspannt und schon gar nicht schön erlebt. Und nicht in meinen kühnsten Träumen hätte ich mir ausgemalt, dass mich dieses Thema noch einmal derart einholen würde. Denn: Ich habe das Gefühl, ich mache diese Zeit gerade noch mal durch. Mit allem, was offenbar dazugehört und mich schon seinerzeit gelegentlich in die Verzweiflung getrieben hat.

Es ist wie in Und täglich grüßt das Murmeltier oder so ähnlich. Nur fast noch ein bisschen dramatischer…

Natürlich war die Grundschulzeit meines Sohnes noch fast sorgenfrei. Und wenn ich mich an den ersten Tag erinnere, wie mein Kleiner mit seiner großen Schultüte zwischen all seinen Mitstreitern stand, so wird mir auch heute noch ganz warm ums Herz. Ich ahnte ja auch noch nicht, was da noch alles kommen sollte. Damals sah ich seiner Schulkarriere voller Zuversicht entgegen. Ohne Vorurteile und ohne den geringsten Zweifel, dass alles Schulische ganz wundervoll und reibungslos vonstattengehen würde.

Was kam, war der erste Elternabend. Und für so einen Elternabend, da braucht man nicht nur Sitzfleisch. Denn unter zwei Stunden kommt man da nicht mehr raus. Eingequetscht auf der Miniversion eines Stuhls lauschte ich also, was die Lehrerin so zu sagen hatte. Komisch, die Schule roch wie früher, nach Kreide, liegen gelassenen leicht verranzten Brotzeiten und nach großflächig, aber nicht immer sinnvoll verteilten Putzmitteln.

Die ersten Themen gingen noch relativ flott über die Bühne. Da ging es ja auch nur um den ersten Schulausflug und die richtige Beschriftung der Hefte samt den farblich passenden Umschlägen. Das forderte allerdings bereits meine volle Konzentration. Ich wollte schließlich alles richtig machen nach meinem ersten Grundschulelternabend.

Noch war ich ganz bei der Sache, dachte aber schon versonnen an mein Gläschen Rotwein, das ich mir gleich im Anschluss zu Hause noch genehmigen wollte. Langsam begannen auch meine Knie, die unter dem Ablagekorb der Schulbank eingequetscht waren, zu rebellieren. Leider konnte ich meine Beine auch nicht ausstrecken, sonst wäre ich glatt vom Stuhl gerutscht.

Ich schaute zur Ablenkung in die Runde und stellte fest, dass, wie damals im Kindergarten, die Väter mal wieder in der Minderheit waren. Nur ein moderner Papa saß eingepfercht in der dritten Reihe. Das »Gerödel« mit dem Elternabend überließen die Männer traditionell gerne den Gattinnen. Dabei fand ich, dass das Nichtvorhandensein väterlicher Intelligenz Fehler mit unüberschaubaren Ausmaßen nach sich ziehen könnte. Hier konnten erste Konfliktfelder und/oder Vorboten von Traumata entstehen, denn wichtige Fragen wurden diskutiert, wie: Wer versorgt den Klassenhamster am Wochenende und in den Ferien? Wer überwacht die eingesäten Sonnenblumenkerne? Und sollen am Schulfest nur vegetarische Fleischpflanzerl verkauft werden?

Möglicherweise fühlen sich Väter von derlei Problemen unterfordert. Oder die Fragestellungen sind *Warum müssen sich diesen und anderen schicksalhaften Fragen vor allem die Mütter stellen?* spezifisch auf weibliche Intelligenz zugeschnitten.

Wieder schweiften meine Gedanken ab zu meinem Glas Rotwein und ich dachte, hoffte, es würde nicht mehr lange dauern. Doch dann: Plötzliche Unruhe im Raum. Offensichtlich stand etwas Entscheidendes bevor: Ah, die Wahl des Elternsprechers! Bleiches Entsetzen machte sich auf allen Gesichtern breit!

Denn eines war klar: Diesen Job wollte keiner übernehmen. Auf die Frage, wer sich denn zur Wahl aufstellen lassen würde, folgte betretenes Schweigen, Minuten wurden zur kleinen Ewigkeit, bis ich es schließlich nicht mehr aushielt (sonst hätte sich das noch länger hingezogen): »Okay, ich würd' mich opfern.«

Ich merkte, wie ein Aufatmen durch die Menge ging, und fragte mich im Stillen, ob ich noch alle Tassen im Schrank hätte. Denn eigentlich hatte ich mehr als genug um die Ohren und mir schon nach dem Kindergarten fest vorgenommen, den Job nicht mehr zu machen. Doch wer sich schon in der Käfergruppe zur Elternvertreterin hat wählen lassen, der wird die Verantwortung offenbar nie wieder los. Am Ende des Abends bekam ich – Überraschung! – alle Stimmen.

Und so verbrachte ich die Grundschulzeit meines Kindes als Elternsprecherin damit, jedes Jahr Ende November Nikolaussäcke für 24 Kinder zu packen, die Sorgen und Probleme der anderen Eltern mit der Schulleitung zu diskutieren, das Kuchen- und Essensbuffet für das Sommerfest zu organisieren, die fehlende zweite Lehrkraft bei den Museumsausflügen zu ersetzen und zu guter Letzt noch selber Kuchen zum Buffet beizusteuern, weil ich einfach nicht Nein sagen konnte. Weibliche Opferbereitschaft, oder?

Aber natürlich hatte ich auch immer das wahnsinnig gute Gefühl, mich als Mama totaaaaal eingebracht zu haben und an den wichtigen schulpolitischen Entscheidungen mitgearbeitet zu haben.

Natürlich durfte man sich für diesen Einsatz – mal abgesehen vom eben beschriebenen guten Gefühl, das sich leider aber auch recht schnell erschöpfte – nicht wirklich eine Wertschätzung und angemessene Gegenleistung erwarten. Darauf sollte man sich von vorneherein einstellen, man übernimmt diese Ämter in aller Regel, weil es sonst kein anderer tut. Schon gar nicht darf man eine Anerkennung für den eigenen Beitrag an der Schulgemeinschaft vom eigenen Nachwuchs erwarten. Meiner trägt schließlich die mütterlichen Schulunlustgene in sich …

So wurden die nächsten Jahre der Schulzeit meines Sohnes für mich zu einer Herausforderung der besonderen Art, die sich naturgemäß mit Beginn seiner Pubertät zuspitzte. Denn direkt proportional zum Anstieg der schulischen Herausforderungen sanken Motivation und Anstrengungsbereitschaft meines Kindes. Eine perfekt linear verlaufende Kurve – nach unten.

Und die Elternabende waren auf einmal gar nicht mehr so »nett« und »harmlos« wie bislang. Jetzt ging es zur Sache. Von Klassenstufe zu Klassenstufe wurden die Inhalte komplexer und mühsamer. Da ging es um die Benutzung von Smartphones während der Schulzeiten, aber auch um Alkohol und Eskalationen auf Klassenfahrten. Und darum, dass die Drogen jetzt um ein Vielfaches härter seien als das Zeug, das wir uns früher – hin und wieder natürlich nur – reingepfiffen haben. Was manchen Müttern und Vätern schon den Angstschweiß auf die Stirn trieb, betraf mich glücklicherweise nicht. Ich war da völlig entspannt, davon ging ich zumindest mal ganz fest aus... oder glaubte ich... hoffte ich ganz stark... oder vielleicht wusste ich es auch einfach nur nicht??? Hmmmm. Mamas erfahren ja bekanntlich alles als Letzte.

Aber auch die anderen Eltern wurden an jedem Elternabend durchaus zur Herausforderung. Sie nutzten jede Gelegenheit, um ausführlich über ihre Brut Bericht zu erstatten. Und letztendlich damit auch über sich selbst. Tiefenpsychologisch interessantes Studienmaterial lieferten etwa diejenigen, die zuerst eine Frage antäuschten, um darin versteckt ausführliche Lobeshymnen auf den eigenen Nachwuchs anzustimmen. »Darf Emilie denn noch zusätzlich einen Aquarellkasten mitbringen? Sie ist ja so kreativ in der Farbgestaltung, dass die Kunstlehrerein uns nahegelegt hat, sie unbedingt weiter zu unterstützen und zu fördern...« oder »Unser Sohn fährt ja im Skikader, wir hoffen jetzt sehr, dass er sich im Skilager nicht zu sehr langweilen wird.« Wenn solche Wunderkinder dann nicht still sitzen konnten und die anderen störten, lag das in aller Regel an ihrer dramatischen Unterforderung.

Gerne gab es auch die Debatten über zu kleine Spinde und ganz beliebt: das Thema Schulkantine. Ein Dauerbrenner. Immer wieder mündete die Verpflegungsfrage in endlosen Diskussionen darüber, ob nicht noch ein zweites

Elternabende dienen als eine Art Bühne für mehr oder weniger ambitionierte Laiendarsteller.

vegetarisches Gericht auf der Wochenkarte stehen sollte und ob dem Verkauf von Süßigkeiten nicht Einhalt geboten werden musste. Klar, darüber kann man immer wieder diskutieren, gesunde Ernährung ist ein Thema … aber auf Dauer und über all die Jahre ermüdend.

Doch nicht nur überbesorgte Mütter und Väter machten einen Elternabend zu einer nie endenden Tortur, auch mancher Lehrer trug seinen Teil dazu bei. Sie verliehen jeder dieser drögen Veranstaltungen ihre ganz besondere Würze. Es gibt und gab ja schon immer die unterschiedlichsten Pädagogentypen … So nutzten die Erfahrenen unter ihnen gerne den sich mit zunehmender *Vielleicht war das Strategie, um die Eltern in eine Erschöpfung zu treiben, die klare Entscheidungen unmöglich machte.* Veranstaltungsdauer verstärkenden Fluchtreflex der gepeinigten Eltern und besprachen die wirklich heiklen Themen erst zum Schluss. Eben genau dann, wenn wir mit der Wiederbelebung unserer eingeschlafenen, kribbelnden und schmerzenden Gliedmaßen so beschäftigt waren, dass wir nicht mehr in der Lage waren, ihren Ausführungen zu widersprechen. Und genau das wurde uns später zum Verhängnis. »Wir haben doch damals beim Elternabend besprochen, dass ab sofort Nachsitzen und Strafarbeiten blühen, wenn die Hausaufgaben nicht gemacht sind.« Ne, ist klar! Ich erinnere mich allerdings nur an den drängenden Wunsch, mich wieder bewegen zu dürfen – am liebsten nach Hause.

Zur Kategorie der Erfahrenen zählt auch die Spezies der »gelangweilten Altpädagogen«. Die haben auf den

Abendtermin am Arbeitsplatz mindestens ebenso wenig Bock wie wir und schoben deshalb den Ablauf der Veranstaltung gerne auf »Sie, liebe Eltern«. Dann lehnten sie sich genüsslich auf ihrem Stuhl zurück, fielen kaum durch Redebeiträge auf und beobachteten oft sichtlich amüsiert, wie wir Eltern von Kindern einer weiterführenden Schule es kaum schafften, einen vernünftigen Ablauf des Elternabends auf die Reihe zu bekommen.

Die schnell errötende Referendarin dagegen tat mir immer fast ein bisschen leid. Sie versuchte dem Druck der Anwesenden standzuhalten und fühlte sich sichtlich unwohl vor 30 Erwachsenen, die sich altersmäßig zum Teil in einer Liga mit den eigenen Eltern befanden.

Erfrischend war auch die Kunstlehrerin, die selbst nie einen Stift in die Hand nahm, ihren Unterricht aber anhand von lehrreichen YouTube-Videos abhielt und sich am Ende des Tages wunderte, warum keines der Kids noch Bock auf Zeichnen hatte. »Sie müssen Ihre Kinder mehr unterstützen und täglich mit ihnen zeichnen«. Ja klar, deshalb erhielt mein Sohn ja auch Kunstunterricht, damit ich »täglich« mit ihm zeichnete, nachdem man ihm die Lust daran genommen hatte. Elternabende wurden so zu einem Fass ohne Boden, die einem immer wieder nur zeigten: Hauptsache, das Kind kommt da irgendwie durch.

Und am Ende eines solchen Tages stellte sich tatsächlich die eine entscheidende Frage: Trinkt man schon vor oder nach dem Elternabend? Sollte man nicht besser diese sinnbefreiten Veranstaltungen, die man in aller Regel schmerzverzerrt und mit einem dumpfen Gefühl der Frus-

tration verließ, nur in leicht angetrunkenem Zustand aushalten oder müsste man nicht im Gegenteil zwei, drei
Stunden lang alle Sinne beieinanderhaben, um nicht völlig
von teilweise wegweisenden Entscheidungen für den
Schulalltag des eigenen Kindes überrollt zu werden?

Ganz ehrlich, sicher bin ich mir da nicht. Spätestens
nach dem Film *Frau Müller muss weg* wissen wir, dass das
Grauen eines Elternabends auf beiden Seiten liegt. Bei
Lehrern wie bei Eltern. Vielleicht hätten wir am Ende des
langen Abends einfach gemeinsam noch einen Absacker
nehmen sollen, nur so zum Runterspülen – von allem.
(Uli)

**Elternabend –
die immer
wiederkehrende Strafe für
ungeschützten Sex.**

ALTE ELTERN:
WENN ALLES ANDERS BLEIBT

Es ist der Abend des 29. Dezember 2011. Ich sitze mit einem Glas Wein in meinem großen Lesesessel, starre verträumt in das Licht einer Kerze und denke über das vergangene Jahr nach. In zwei Tagen ist Silvester.

Das Telefon klingelt und reißt mich aus meinen Gedanken. Ich merke schon vor dem ersten Wort meiner Mutter, dass etwas nicht stimmt. Es durchfährt mich wie ein Blitz. Moritz! Mein kleiner Sohn ist nach Weihnachten bei seinen Großeltern geblieben, um dort Silvester mit ihnen zu feiern. Ich merke, wie meine Mutter krampfhaft versucht, um Fassung zu ringen, und wie mechanisch ihre Stimme klingt.

»Ist mit Moritz was nicht in Ordnung?«, höre ich mich schrill fragen. »Nein, mit Moritz ist alles gut, er schläft. Aber... Papi ist gerade vom Sanka abgeholt worden, wir vermuten, er hat einen Schlaganfall. Sie wollen ihn gleich mit einem Helikopter weiter nach Nürnberg in die Stroke bringen, ich kann da aber nicht mit. Ich kann Moritz hier nicht alleine lassen.« Ich höre die Angst in ihrer Stimme, die Verzweiflung und vor allem die Hilflosigkeit.

»Ich setze mich sofort ins Auto und komme!« Das lehnt meine Mutter aber kategorisch, fast panisch ab. Ich solle nicht bei dem schlechten Wetter und so aufgeregt in die Nacht hineinfahren. Sie würde sich sonst noch mehr Sorgen machen. Ich könne gerade sowieso nichts tun. Wir sollten bis zum Morgen warten. Jetzt müsse sie auflegen und die Leitung frei machen.

Draußen tobt ein Schneesturm. Ich sehe aus dem Fenster nicht mal mehr das Haus auf der anderen Straßenseite.

Unterschiedliche Filme laufen vor meinem inneren Auge ab. Momentaufnahmen mit meinem Vater. Unsere endlosen Gespräche, wenn wir an den Wochenenden zusammen zu Reitturnieren gefahren sind, wie die Vagabunden im Pferdehänger geschlafen haben, beim Pilzesuchen, im Urlaub, zu Weihnachten. Unsere Streitereien, wenn wir uns in der Reithalle so angebrüllt haben, dass alle anderen geflüchtet sind …

In mir tobt die Angst, die Angst vor einem unermesslichen Verlust.

Meine Mutter ruft wieder an. Der Helikopter kann wegen des Schneesturms nicht starten. Sie müssen meinen Vater jetzt mit dem Krankenwagen fahren. Die Zeit läuft, und zwar gegen ihn. Bei einem Schlaganfall zählt jede Minute. Time is brain. Der Schneesturm raubt ihm eine weitere wichtige Stunde.

Ich starre aus dem Fenster und das Schneetreiben wird immer dichter. Ich kann kein Auge zumachen. Die Sorge um meinen Vater und auch meine Mutter, die in ihrer Angst jetzt ganz allein ist, hält mich wach. Um 3.30 Uhr halte ich es nicht mehr aus. Ich setze mich ins Auto und fahre los. Geschlossene Schneedecke, auch auf der Autobahn. Ich fahre an einer kleinen Autobahnkapelle vorbei und überlege kurz rauszufahren – überlege, ob ich beten soll. Ich brauche die doppelte Zeit wie sonst, bis ich endlich den kleinen Berg zu meinem Elternhaus hinauffahre. Das Haus liegt tief verschneit und ganz ruhig da, als ob nichts passiert wäre. Es ist 6.50 Uhr morgens. In der Küche brennt ein schwaches Licht. Ich schließe auf und meine Mutter und ich fallen uns weinend in die Arme. Mein kleiner Sohn schläft. Er hat noch nichts mitbekommen.

Zwei Stunden später fahre ich alleine in die Klinik. Meine Mutter will nicht mitkommen. Sie könne das Kind nicht alleine lassen und wolle ihm auch den Anblick des kranken Opas ersparen. Ich merke, dass sie große Angst hat, und ich weiß auch, dass sie sich der Situation noch nicht stellen will. Ich kann sie verstehen.

In der Klinik treffe ich auf meinen Bruder und gemeinsam betreten wir das Patientenzimmer, in dem mein Vater liegt. Er ist wach und als er uns sieht, beginnt er zu weinen. Es zerreißt mir schier das Herz. Die Tränen laufen über sein Gesicht. Er kann nicht sprechen, seine gesamte rechte Seite ist gelähmt. Wir stehen an seinem Bett, versuchen ruhig zu sein und Zuversicht auszustrahlen und halten jeder eine Hand. Seine Augen wandern immer wieder angsterfüllt und verzweifelt zwischen meinem Bruder und mir hin und her. Wir können nichts tun, wir können gerade nur für ihn da sein. Die Auskünfte des diensthabenden Arztes sind in dem Moment noch sehr vage und im Prinzip kann uns im Augenblick keiner genau sagen, wie es für meinen Vater weitergehen wird.

Die nächsten Tage und Wochen sind von Bangen und Hoffen geprägt. Ich stürze mich in wilden Aktionismus, um nicht über die Situation nachdenken zu müssen und auch, um meine Mutter zu entlasten. Sie trägt jetzt alles mit bewundernswerter Stärke. Ich telefoniere stundenlang mit

Krankenkassen und Kliniken. Klappere Rehaeinrichtungen ab, kümmere mich um Hilfsmittel und räume in meiner Verzweiflung blind irgendwelche Schränke und Regale zu Hause auf.

Ich tue es, um nicht nachdenken zu müssen. Der Gedanke, dass nun alles anders wird, erscheint mir unerträglich.

Meinem Vater geht es in ganz kleinen Schritten besser. Wir müssen alle viel Geduld haben. Er am allermeisten. Er muss wieder lernen zu sprechen und auch sonst muss er ganz viele Dinge wieder neu erlernen. Oft ist er ungeduldig mit sich selbst und mit seinen langsamen Fortschritten. Er muss lange in der Reha bleiben und als er dann nach Hause zurückkehrt, ist auch für meine Mutter nichts mehr so, wie es war.

Obwohl ich 250 Kilometer weit entfernt wohne und dort mein eigenes Leben am Laufen halten muss, versuche ich, so oft wie möglich bei meinen Eltern zu sein. Wenn ich nicht da sein kann, telefoniere ich mit ihnen. Täglich, meist sogar mehrmals. Diese Telefonate helfen uns. Und sie werden in Zukunft zum festen Bestandteil unseres Lebens.

Meine Eltern raufen sich inzwischen mit vielen Abstrichen und Kompromissen, die die neu entstandenen Einschränkungen meines Vaters mit sich bringen, über die Zeit neu zusammen. Natürlich gibt es hin und wieder Gerangel und auch Unstimmigkeiten.

Vor allem bewundere ich meine Mutter sehr dafür, wie sie alles abfedert und das Beste auch aus ihrer Situation macht. Mein Vater versucht auf seine eigene Art und Weise mit seiner neuen Situation klarzukommen.

Wenn sie uns mit dem Zug besuchen und mir am Bahnsteig so klein und zerbrechlich Hand in Hand entgegenkommen, bin ich zutiefst gerührt. Sie versuchen so, ihre kleinen verbliebenen Freiräume zu nutzen, und machen sich auf die Reise zu uns, obwohl sie unterwegs umsteigen müssen und das für beide eine große Herausforderung darstellt.

Ich bewundere die beiden, wie sie sich ihre Bewegungsfreiheit und Unabhängigkeit Stück für Stück zurückerobern.

Mit der Zeit spielt sich alles ein und doch empfinde ich es so, dass meine Eltern um wichtige Jahre ihres Lebens betrogen wurden. Um diese Jahre, in denen sie sich hätten sorglos ihren Plänen und Träumen widmen können. In denen sie unbeschwert hätten herumreisen können, weil wir Kinder aus dem Haus und versorgt sind. Mein Vater hätte die Zeit und Muße gehabt, sich voll und ganz seiner Holzwerkstatt zu widmen. Schöne, sorgenfreie Jahre, in denen sie noch so fit gewesen wären, das zu tun, wozu sie bisher keine Möglichkeiten hatten. Sei es aus zeitlichen oder finanziellen Aspekten oder aus Rücksicht auf uns Kinder.

Aber auch ich fühle mich um eine wichtige Zeit betrogen. Ich bin in meinen besten Jahren. Auch ich stecke voller Pläne, bin mit meinem Job und meinem heranwachsenden Kind schwer beschäftigt, überlege mir, wo ich meinen Urlaub verbringe, wie ich die Zeit mit meinem Sohn, meinem Partner oder Freunden gestalte, und all das immer mit dem beruhigenden Gefühl im Hintergrund, dass es meinen Eltern gut geht und sie gerade in ihrem Leben und in ihrer Freiheit aufblühen.

Das innere Bild, das ich von meinem Vater und meiner Mutter in mir gespeichert habe, ist trotzdem gleich geblieben. Darauf sind sie die Eltern meiner Kindheit, ewig jung. Es hat nur ein paar Risse bekommen. Und es ist klar, dass sich unsere Rollen früher umgekehrt haben, als ich es geahnt hatte. Dass sie es jetzt sind, die meine Fürsorge und meinen Schutz brauchen.

Noch wehrt sich in mir alles gegen diesen Rollentausch. Ich möchte weiterhin Kind bleiben, denn ich empfinde es als unglaublich stärkendes, warmes Gefühl, meine Eltern hinter mir zu wissen. Einfach zu wissen, dass sie da sind. Dass ich ihr Kind bleibe, solange sie leben.

Es ist seltsam, vor dem Schlaganfall meines Vaters habe ich keinen Gedanken an das Alter meiner Eltern verschwendet. Natürlich gab es das abstrakte Wissen im Hinterkopf, dass sie irgendwann mal alt sein werden, aber das lag in weiter Ferne. Sie waren ja beide auch lange Zeit so vital gewesen und hatten viele Interessen und Beschäftigungen, die sie ausfüllten.

Durch die Krankheit meines Vaters nahm unser aller Leben eine neue Abzweigung.

Wir werden älter und die Anzeichen dafür, dass unsere Eltern auch älter und hinfälliger werden, häufen sich natürlich. Der Prozess ist schleichend, es fällt zuerst auch kaum auf. Jeder kann mal einen schlechten Tag haben, aber die Anzeichen sind da. Zuerst vergessen sie etwas, dann finden sie Dinge anstrengend, die sie sonst immer gerne gemacht haben, sie lassen sich plötzlich helfen, was früher undenkbar war. Sie erzählen Geschichten doppelt und fragen die gleichen Fragen mehrmals. Wir im Gegenzug reden uns ein, es sei doch nur eine Phase, die sicher vorübergeht. Fast unmerklich werden sie langsamer.

Und doch gibt es diese Momente in unserem Leben, in denen wir uns mit unseren Eltern auf Augenhöhe befinden. Die Augenblicke, in denen sie uns als gleichwertiges Gegenüber akzeptieren, weil sie sehen, dass wir unser Leben meistern und selbstständig geworden sind. Und weil die Rollen sich vielleicht verschieben und wir uns jetzt um ihr Wohlergehen kümmern müssen.

Ich habe schon vor dem Schlaganfall meines Vaters versucht, so viel Zeit wie möglich mit meinen Eltern zu verbringen. Wir haben gemeinsam viele tolle Reisen in die unterschiedlichsten Länder unternommen und mein Sohn hat fast immer seine Ferien bei seinen Großeltern verbracht. So habe ich das Gefühl, wir haben die gemeinsame Zeit gut genutzt und tun es auch jetzt.

Ich weiß nicht, wie viele Jahre mir mit meinen Eltern bleiben. Und manchmal überrollt mich die Angst vor ihrem möglichen Nicht-mehr-Dasein für den Bruchteil eines Augenblicks. Sie kommt auf mich zugedonnert wie ein Hurrikan, der mich aus meinen Angeln heben will. Bevor er mich in die Luft wirbelt und wegträgt, versuche ich, den Gedanken sofort wieder wegzuwischen. Obwohl ich die 50 bereits überschritten habe, stelle ich fest, dass ich nach wie vor, in kindlicher Naivität, am Glauben an die Unsterblichkeit meiner schützenden Eltern festhalte. Ich kann überhaupt nicht einschätzen, was mich dann erwartet.

Aber ich würde mich gerne vorbereiten auf das, was kommen wird. Ich fühle mich jetzt meinen Eltern innerlich näher als je zuvor und am liebsten würde ich diesen Zustand gerne bis in die Unendlichkeit beibehalten. Denn sie sind es immer noch, mein Fels in der Brandung.

Ich würde ihnen so gerne zurückgeben, was sie mir gegeben haben, aber dafür reicht alle Zeit der Welt nicht aus. So kann ich nur versuchen, das, was sie mir gegeben haben, an mein Kind weiterzugeben, und darauf vertrauen, dass mein Sohn die gleichen großen, warmen Gefühle für mich in sich trägt, wie ich sie für meine Mama und meinen Papa in mir habe.

(Uli)

> **Familie ist da,**
> **wo Leben**
> **beginnt und Liebe**
> **niemals endet.**

SCANN MICH
MIT DER APP!

Sei wild, frech und wunderbar!

~~~~

»NEIN« IST EIN
KOMPLETTER SATZ

Eigentlich hätte ich mich mal wieder in den Hintern beißen können. Meine Freundin Marlies ruft an und fragt mich, ob ich für eine spontane Party nicht noch kurz meine wundervollen Knusperoliven machen könnte. Die gingen doch so schnell. Ich habe gerade selbst irre viel um die Ohren und ein klares: »Nein, geht diesmal leider nicht« wäre die einfach vernünftigste Antwort. Stattdessen kommt ein »Na klar, kann ich machen« über meine Lippen. Als ich aufgelegt habe, ärgere ich mich über mich selbst.

Warum ist es so schwierig für mich, anderen Menschen eine Bitte oder einen Wunsch abzuschlagen?

Wieder mal, denn eigentlich habe ich weder Zeit noch Lust auf Knusperoliven. Und mal ehrlich, das passiert mir leider ziemlich oft. Ich sage Ja und meine Nein.

Dabei bin ich mir sicher, dass ich als Kleinkind das Neinsagen noch lange vor dem Jasagen beherrscht habe. Ich glaube sogar, dass Nein im Alter von zwei Jahren mein Lieblingswort war. Außerdem habe ich doch ständig auch von meinen Eltern gehört: »Nein, tu dies nicht« und »Nein, lass das …« Nein, nein, nein. Und natürlich habe ich meinen Eltern ganz oft ein Nein entgegengeschleudert, wenn ich etwas nicht wollte.

Aber wo und wann habe ich dieses wertvolle kleine rebellische Wort denn bitte verloren? Wann wurde denn aus dem bewussten »Nein, ich will das nicht« ein »Ja, okay«? Wann genau wurde es denn so schwierig? Klar, als Heranwachsende entwickelte ich mich von Jahr zu Jahr mehr zur Jasagerin. Oder sagen wir mal so: Die klassische weibliche Sozialisation in meiner Generation hat mich dazu genötigt, möglichst die eigenen Bedürfnisse hintanzustellen. Immer zu helfen, wo Not am Mann oder der Frau war, lästige Jobs und Verpflichtungen zu übernehmen und im Zweifelsfall einfach immer Ja zu sagen. Spannend wäre mal zu wissen, wie oft ich in meinem Leben Ja gesagt und Nein gemeint habe.

Ich frage mich, welche Gedanken oder welcher Antrieb mich dazu gebracht haben, dass ich meine Grenzen nicht schützen konnte. Fiel das den Jungs genauso schwer? Oder vielleicht nur mein ganz persönliches Thema? Hatte ich Angst, für eine egoistische Kuh gehalten zu werden oder dass mich tagelang ein schlechtes Gewissen plagen würde, wenn ich mal Nein sagte? Wollte ich einfach nur Konflikten aus dem Weg gehen?

Denn man muss bei so einem Nein schon auch die Reaktion des Gegenübers aushalten können. Bei notorischen Jasagerinnen, wie ich eine war, kommt ein Nein für die anderen eben überraschend und wird dementsprechend kommentiert: »Was ist denn mit dir plötzlich los?«

Oder versorgte mich der Verzicht aufs Nein mit dem vordergründig wundervollen Gefühl, »gebraucht zu werden«?

Letztlich haben mir eine kritische Situation und eine daraus resultierende Entscheidung geholfen, mich endlich zu einem »Nein, das mache ich nicht mehr« durchzuringen.

Ich hatte das ganze Jahr über ohne große Pausen durchgearbeitet und einen Sommerurlaub mit meinem Sohn geplant. Ich war ausgebrannt und freute mich schon sehr darauf, mit ihm ein paar Tage wegzufahren.

Als Selbstständige war es mir schon immer sehr schwer gefallen, mir freie Tage oder gar einen Urlaub zu gönnen – aus Angst, einen wichtigen Auftrag zu verpassen oder gar einen Kunden zu verlieren.

Meine Selbstständigkeit, die mir auch immer ein Akt der Freiheit und Selbstbestimmung sein sollte, fühlte sich mittlerweile an wie die Fesseln eines festen Jobs – vielleicht sogar noch schlimmer, weil mich keiner zu etwas nötigte. Außer ich selbst.

Der Urlaubstermin rückte näher und just eine Woche vor der Abreise kam die Anfrage für einen großen Auftrag. Ich stand vor der Entscheidung: Mache ich das oder sage ich den Job ab oder nehme ich... die tollste aller Alternativen... meinen Rechner mit in den Urlaub? Bescheuerte Idee – da kann man auch gleich zu Hause bleiben.

Ich fragte mich also ganz ernsthaft: Was will ich? Was ist mir wichtig? Will ich die wertvolle Zeit mit meinem Kind tatsächlich einem auch wichtigen Job opfern – schließlich leben wir davon? Doch plötzlich war mir klar: Meine Antwort würde diesmal NEIN lauten! Natürlich mit der Angst im Hinterkopf, dass der Kunde verärgert abspringen könnte. Aber... das ist nicht passiert. Nichts Derartiges ist passiert.

Auf einmal hatte ich ein unglaublich befreites Gefühl, wie die Erlösung von einer schweren Last.

Ich bin mit meinem Sohn 14 wundervolle Tage lang durch Italien getingelt und habe es geschafft, mit dieser Entscheidung für mich meinen Job komplett auszublenden. Kein schlechtes Gewissen, keine unnötigen Gedanken an die Arbeit, einfach Quality Time mit meinem Kind und mit mir.

Neben dem wundervollen Gefühl der Freiheit, das mir mein Nein beschert hatte, habe ich auch über meine bisherigen Entscheidungen in meinem Job und die daraus resultierenden Konsequenzen nachgedacht.

Bewusst wurde mir dabei: Immer wenn ich Ja sagte und dabei aber Nein meinte, sagte ich vermutlich Ja zu etwas für mich Unwichtigem und Nein zu etwas für mich Wichtigem: Ein Ja zu etwas, was ich nicht oder nur bedingt mag, bedeutet fast immer automatisch ein Nein zu etwas, was ich liebe. Das waren in diesem Lernprozess sicher meine wichtigsten Erkenntnisse.

Der nächste Schritt bestand darin zu lernen, wie ich auch weiter angemessen Nein sagen könnte. Oft hat mir dabei geholfen, dass ich mir Zeit verschafft habe, wenn ich mit einem spontan zu einem Ja genötigt werden sollte.

> Ein »Darüber muss ich mal kurz nachdenken« hat mich meist vor einem spontanen und vorschnellen Ja bewahrt.

Ich glaube, ich hatte früher einfach nicht das Selbstbewusstsein, Nein zu sagen. Wobei es hier sicher noch mal zwischen beruflichen Kontakten und Freunden zu unterscheiden gilt. Letztlich hatte es bei mir aber immer mit einer übertriebenen Angst vor einem Beziehungsabbruch zu tun – sei es nun auf der geschäftlichen oder zwischenmenschlichen Ebene. Dabei musste ich mir irgendwann eingestehen, dass ich nicht um jeden Preis eine Bindung zu Menschen bewahren muss, die nicht zu meinem engsten Kreis gehören. Und auch mal einen Bruch in Kauf nehmen muss, anstatt mich ständig ausnutzen zu lassen.

Mittlerweile habe ich es geschafft, das Wort Nein zu meinem Verbündeten zu machen. Irgendwann hatte ich eine müßige Honorardiskussion. Ich weiß, in der Vergangenheit wäre ich hier eingeknickt und auf das fast unverschämte Angebot eingegangen. Anschließend hätte ich mich geärgert, aber schlussendlich unter fadenscheinigen Ausreden für mich selbst den Auftrag angenommen. Diesmal hielt ich aber an meiner Forderung fest, auch auf die Gefahr hin, den Auftrag so vielleicht zu verlieren. Dieses »Nein, ich verhandle hier nicht weiter über meinen Preis« fühlte sich für mich so richtig an, dass es fast ein bisschen wie ein Adrenalinkick wirkte.

Und welch Überraschung: Nachdem ich tagelang nichts gehört und den Auftrag auch schon abgeschrieben hatte, kam die Zusage per Mail. Ein Moment, der mir ein kleines inneres Yeah-Gefühl bescherte. Okay, ein Nein war also auch hier ein Ja. Eine vielleicht entgegengebrachte Wertschätzung für eine klare Ansage.

Je mehr Klarheit ich bei meinen Entscheidungen habe, desto leichter fällt es mir, diese auch mitzuteilen.

Ein »Ja, ich mach das gerne für dich« ist die eine Möglichkeit, denn es macht mich glücklich, meinen Freunden oder meiner Familie zu helfen und ihnen damit eine Freude zu machen. Entscheidend ist dabei aber das Bewusstsein, über die Zeit und die nötigen Ressourcen dazu zu verfügen und es deshalb auch mit Spaß und aus echter Überzeugung zu tun.

Genauso ist aber auch ein »Nein, ich möchte das gerade nicht« eine gute Entscheidung. Denn in einem solchen Moment habe ich entschieden, dass meine Energie dafür gerade nicht ausreicht und ich mich vielleicht auch um andere Dinge kümmern muss. Ein Nein ist dann das einzig Richtige, weil es mich schützt und mir Zeit und Energie gibt, mich auf genau das zu konzentrieren, was mir in der Situation wichtig ist.

Der nächste wirkliche Lernprozess war es nun, mein Nein nicht ständig zu rechtfertigen. Dabei habe ich mich nämlich sehr häufig ertappt. »Tut mir leid, ich kann dir gerade keine Knusperoliven backen, weil ich selber meinen Umzug vorbereiten muss.« Damit war ich sehr schnell in einer Überzeugungsspirale gefangen. Und beim Überzeugen gibt es immer einen, der den Kürzeren zieht. Entscheidend ist: Wer Nein meint, muss das auch klar sagen. Keiner möchte mit einem Vielleicht abgespeist werden, wenn die Absage innerlich schon feststeht. Schon alleine, um noch die Chance auf eine Alternative zu haben. Außerdem hilft so ein Klartext einem auch selbst, zur eigenen Entscheidung zu stehen.

Wenn ich so darüber nachdenke, bin ich mir sicher, dass die mühsam erlernte Fähigkeit, einfach mal NÖ zu sagen, dann doch auch etwas mit gelebtem Leben und der dazugehörigen Erfahrung zu tun hat. All die angestauten JAs der letzten Jahrzehnte haben etwas mit mir gemacht.

Aber irgendwann habe ich verstanden: Wenn sich für mich etwas nur wie ein »Ja, okay« anfühlt, dann ist meine Antwort Nein. Wenn es ein Ja werden soll, muss es ein Gefühl wie »Ja, will ich unbedingt und am besten gleich« sein. Dafür muss ich für mich wissen, was ist mir wichtig, was will ich. Ein Ja zu mir und meinen Entscheidungen macht die Neins dann plötzlich ganz leicht.
(Uli)

Nö!
Einfach
Nö.

~~~~~

WILLKOMMEN IM WILDWECHSEL

Es ist Hochsommer und ich sitze im Zug mit meiner kleinen Patentochter Lilly. Sie lächelt mich strahlend an und sagt: »Weißt du, was ich komisch finde? – Dass deine Arme oben so wackeln, wenn du die bewegst.«

Wie heißt es so schön: »Kindermund tut Wahrheit kund.« Schnappatmung – aber jaaaa, das Kind hat recht. Tatsächlich fangen meine Oberarme an mitzuwinken. Und deswegen kann ich hier nicht sagen, dass ich die Wechseljahre klasse finde. Ich habe nichts gegen Lachfalten im Gesicht, meinetwegen auch nichts gegen Zornesfalten. Denn ich bin aus dem Club derjenigen ausgetreten, die unbedingt jünger aussehen wollen. Aber mir fällt es schwer zu akzeptieren, warum die Natur uns dieses Winkefleisch beschert, das bei Männern erst im Greisenalter in Erscheinung tritt.

Und jeder, der mir jetzt den Ratschlag gibt, mit gezieltem Sport dagegen vorzugehen – da muss ich leider gleich abwinken und meine Oberarme winken wieder fröhlich mit. Denn es gibt tatsächlich Freundinnen, die behaupten, dass ich sportsüchtig sei. Daran liegt es also nicht, meine Lieben.

An dieser völlig zweckfreien Veränderung sind auch diese blöden Wechseljahre schuld. Denn pünktlich mit dem Ende meiner Menstruation haben auch meine Oberarme entdeckt, dass sie sich gerne bewegen…

Bei mir ging es mit Schlafstörungen los, gefolgt von nächtlichen Schweißausbrüchen, manchmal so schlimm, dass ich am Morgen Halsweh hatte, weil ich mich in der Nacht erkältet hatte.

Nein, sorry, ich bin echt kein Fan der Wechseljahre – zumindest nicht ihrer Begleiterscheinungen. Meiner Fruchtbarkeit trauere ich nicht nach, denn ich will mit 60 Jahren keine kleinen Kinder mehr, aber meine Michelle-Obama-Oberarme, die hätte ich schon ganz gerne behalten. Und wenn ich beim Durchblättern eines Magazins sehe, wie der Oberkörper von, sagen wir mal Brad Pitt, mit immerhin auch schon 55 Jahren noch aussieht, dann kann ich nur sagen: Da hatte die Natur irgendwie einen Totalausfall, als sie sich hat einfallen lassen, dass bei Frauen mit dem langsamen Versickern der Weiblichkeitshormone auch die Elastizität der Haut schlagartig Adieu sagt.

Meine Freundin Miriam, Frauenärztin, hat für diese Laune der Schöpfung übrigens eine Erklärung: Ursprünglich sei es in der Natur nämlich gar nicht vorgesehen gewesen, dass Frauen überhaupt ihre Wechseljahre erleben.

Ich habe den unbestimmten, aber begründeten Verdacht, dass die Natur ein Frauenfeind ist.

Und deshalb sei der weibliche Körper schlicht auch nicht auf das Verschwinden seiner Weiblichkeitshormone ausgelegt. Sozusagen ein Defekt in der Weiterentwicklung einer älter werdenden Menschheit.

Das heißt jetzt nicht, dass ich unbedingt die Fahne für die Hormonsubstitution hochhalte – das soll jede machen, wie sie will –, aber für mich ist dies tatsächlich die erste plausible Erklärung dafür, warum unsere Körper in dieser

Zeit so verrückt spielen. Wir welken quasi sichtbar und in Echtzeit vor uns hin …

Wie bei allen Themen rund um die weibliche Sexualität, sei es Menstruation, Wochenbett, Schwangerschaft oder Wechseljahre, war es bis in meine Jugend hinein verpönt, sich offen darüber zu unterhalten. Meine Mutter beispielsweise hat mit mir in Gegenwart meines Vaters nicht über meine Periode gesprochen. Dass es ein Wochenbett gibt, habe ich erst erfahren, als ich schwanger war, und in der Generation unserer Mütter war es noch völlig verpönt, seinen hochschwangeren Bauch beim Baden zu zeigen. Allerdings galt es als modern, seine Kinder nicht zu stillen.

Dies alles ist heute Geschichte: Bei Essensrunden mit Herren fragen Frauen sich nicht nur auf der Toilette nach Tampons, sondern auch über den Tisch hinweg. Hochschwangere Bäuche werden heute nicht mehr nur nicht mehr verhüllt, sondern stolz auf Instagram präsentiert oder zieren sogar Titel von Lifestyle-Zeitschriften. Solange alles sauber und rein vonstattengeht, kein Problem.

Ein Tabuthema aber ist geblieben: die weiblichen Wechseljahre. Vielleicht liegt es an den unberechenbaren körperlichen Entgleisungen. Ich stelle mir gerade eine Geschäftsfrau vor, die während einer Besprechung der Runde mitteilt, dass sie mal schnell die Bluse wechseln müsse. Außerdem würde sie nicht gähnen, weil es gerade so langweilig wäre, sondern weil sie nachts aufgrund ihrer Hormonschwankungen so wenig geschlafen habe. Im Moment sind wir da noch weit davon entfernt. Natürlich sind die Wechseljahre immer mehr Thema, weil immer mehr Frauen der geburtenstarken Jahrgänge in dieses Alter kommen, aber sie sind nicht selbstverständlich, geschweige denn in irgendeiner Form cool.

Wäre es nicht schön, wenn die Wechseljahre gesellschaftlich einfach als alltägliches Phänomen ähnlich der Pubertät betrachtet werden würden? Wer Kinder hat, weiß: Ein reiner Quell der Freude ist dieser Lebensabschnitt manchmal weder für die Heranwachsenden selbst noch für ihre Umgebung. Aber eben auch eine unvermeidliche und wichtige Phase in ihrer persönlichen Reifung und Entwicklung. Ebenso könnte man doch die Wechseljahre sehen – als Einschnitt, der uns noch einmal weiterbringt und zu neuen Freiheiten verhilft.

Nicht umsonst heißt es ja oft, die Wechseljahre seien die zweite Pubertät der Frau.

So ist es jetzt zum ersten Mal im Leben möglich, Sex zu haben, ohne an Verhütung zu denken. Okay, zumindest nach der Menopause. Und dann sind da noch all die neuen Freiheiten, die das Leben bereithält, wenn die Kinder aus dem Haus sind. Häufig liegen die Wechseljahre und der Auszug des Nachwuchses ja zeitlich eng beieinander. Aber auch für die – gewollt oder ungewollt – Kinderlosen unter uns bedeutet der Wandel den Beginn einer neuen Zeitrechnung: Das Kinderthema ist jetzt endlich final vom Tisch. Auch das ist für viele eine Befreiung.

Der Begriff Klimakterium kommt aus dem Griechischen und bedeutet auf Deutsch so viel wie Stufenleiter. Oder auch kritischer Einschnitt. Da sind sie wieder, die beiden Sichtweisen. Ich kann den Beginn der Wechseljahre als erste Sprosse einer Leiter sehen, auf der ich nach oben klettere, die mich weiterbringt, mir auf eine andere Ebene verhilft. Oder ich sehe ihn als kritischen Einschnitt: als die Zeit, in der ich als Frau nicht mehr gesehen werde und in der mein Körper jetzt sukzessive altert. Denn wird nicht mit den Jahren alles schlimmer?

Also ich zumindest sehe mich gerne unten auf der Leiter mit erwartungsfrohem Blick nach oben. Ich kann (mich) jetzt noch einmal völlig neu denken und will die Veränderungen, die mein Körper mit zunehmendem Alter zeigt, als Herausforderung und nicht als Schwäche ansehen.

Indem unser Körper in dieser Phase des Lebens unmissverständlich darauf

Wir werden radikaler und schauen genauer hin: Wie will ich leben? Was und wer ist mir wirklich wichtig?

hinweist, dass unsere Zeit auf Erden begrenzt ist, lehrt er uns eine klarere Sicht auf die Dinge.

Und wer genau hinschaut, für den ist ein selbstbestimmtes Leben möglich. Der ist lebenshungrig und hat keine Lust mehr, seine Zeit mit Nichtigkeiten zu verbringen.

»Dafür bist du jetzt zu alt.« Dieses Urteil hat uns Frauen bei so vielen Lebensentscheidungen über Jahrzehnte begleitet und ist von Generation zu Generation weitervererbt worden. Jetzt ist es höchste Zeit, sich von der Gleichung jung = aktiv, alt = passiv zu verabschieden. Dinge anders zu leben als Generationen zuvor kann anstrengend sein und heißt auf alle Fälle, sich immer wieder aus der Komfortzone zu bewegen. Aber wir haben Glück, fällt unser Umdenken doch in eine Zeit, in der viele alte Denkstrukturen angezweifelt werden. Es verändert sich gerade so viel in unserer Gesellschaft, man denke nur an die wachsende Kritik an unserem Konsumverhalten oder die Me-too-Debatte oder ein langsam sich herausschälendes neues Rollenbild der Frau, das den alten weißen Mann, der sich schon kraft seiner bloßen Existenz mächtig fühlt, endgültig in die Versenkung verschwinden lassen wird.

Wenn es uns gelingt, diesen Wandel für uns zu nutzen und uns neuer und stärker zu definieren, so stehen die Sterne künftig gut, dass wir Babyboomer-Frauen anders und befreiter alt werden können als Generationen zuvor.

Es kann gut sein, dass wir uns dabei hin und wieder blamieren oder provozieren. Aber was ist schon dabei?

Wenn ich sehe, was ich dafür bekomme: Noch einmal vielleicht 30 spannende, erfüllte Jahre, in denen ich Neues lernen kann, meine Erfahrungen und meine Gelassenheit aber wiederum an Jüngere weitergeben kann und der Welt für die nächste Generation ein komplett anderes Frauenbild hinterlasse. Dafür kann und muss man manchmal auch radikal anders sein und darf sich auch »danebenbenehmen«. Und wer uns so nicht mag, der mag uns eben nicht.

Aus. Ende Gelände.

Die Wechseljahre machen uns freier, freier denn je! Und wenn wir diese Veränderung ganz bewusst leben und keine Angst vor ihr haben, können die nächsten Jahre, die der Wandel einläutet, durchaus zu den spannendsten unseres gesamten Lebens werden.

Vielleicht bekommen wir es auch noch hin, dass die Wechseljahre in der nächsten Generation gesellschafts-

fähig werden, wer weiß? Da winken wir doch – Winkefleisch hin, Winkefleisch her – unserer Zukunft freudig zu.
Statistisch liegt unsere Lebenserwartung mittlerweile übrigens bei 86 Jahren …
(Uli)

**Ich hasse
Stimmungsschwankungen
sind toll.**

~~~

171

WOHNT JEDEM ANFANG WIRKLICH EIN ZAUBER INNE?

September 2019. Ich schaue ins Grüne. Genauer gesagt, auf den grünen Teppichboden unter mir. Und höre eine Stimme, die auf mich einredet. Nur kommt das, was sie sagt, bei mir nicht an. Stattdessen fühle ich mich wie kurz vor einer Ohnmacht, nur leider überkommt sie mich nicht. Schade eigentlich, denn ich hätte die Generalprobe für meine Abschlussprüfung zum zertifizierten Lifecoach an dieser Stelle gerne schlagartig beendet. So aber sitze ich vor 20 Augenpaaren in einer schicken Berliner Altbauwohnung und bin dabei, ein Coachinggespräch zu führen. Das heißt: Ich soll einer Klientin aufmerksam zuhören. Ihr dann spiegeln, was ich gehört habe, und mit ihr gemeinsam Lösungswege suchen. Nur leider will mein Kopf das gerade gar nicht beziehungsweise: Er will es zu sehr. Ich fühle, wie Druck in mir aufsteigt, und ich merke, dass jetzt gar nichts mehr funktioniert. Ich komme nicht dagegen an. In meinen Ohren summt es und ich sehe mir von oben zu, wie wir alle da sitzen. Würde mal sagen … klassische Form von Blackout.

Nach zwanzig Minuten – und zwanzig Minuten können seehehr, seehehr lang sein – hat die nahende Ohnmacht ein Ende. Der mir wohlgesonnene Dozent erlöst mich. Sehr ruckelig wäre dieses Gespräch gewesen, fasst er zusammen. Im Raum ist es still und in mir auch. Denn ich bin enttäuscht. Enttäuscht darüber, dass ich das, was ich im Laufe eines Jahres gelernt habe, nicht anwenden kann.

Und so ruckelt es nun in mir gewaltig: Ist diese Ausbildung wirklich das, was ich wollte? Will ich diese Abschlussprüfung unbedingt machen, mich noch einmal dieser Enttäuschung aussetzen, mein Versagen spüren?

Auf einmal bin ich wieder das kleine Mädchen, das an einer Textaufgabe in einer Mathematikprobe verzweifelt.

Wo ist denn der viel beschworene Zauber, der jedem Anfang innewohnt? Bei mir ist er zumindest nicht. Ich fühle mich bei dieser Generalprobe eher verhext, und zwar durch einen gaaaanz bösen Zauber gefangen in einer Situation, in der ich jetzt gar nicht sein müsste. Ja, wenn ich nicht vor einem Jahr einen lang gehegten Traum verwirklicht hätte und eine Ausbildung zum Coach begonnen hätte.

Aber ich will nicht jammern. Ich will erzählen, was ich alles gelernt habe in diesem Jahr. Und welche wunderbaren Geschenke es mir beschert hat: Übungscoachings, in denen ich erfahren habe, wie schön es ist, wenn man jemandem helfen kann, neue Denk- und Verhaltensansätze für sich zu finden. Viele Lerninhalte, die sich niemals langweilig angefühlt haben. Gespräche mit wunderbaren jungen Frauen, die mir gesagt haben, dass sie genau so werden wollen wie ich, wenn sie mal 50 sind. Erkenntnisse darüber, dass viele Themen mit 20, 30, 40 oder 50 Jahren immer dieselben bleiben: allen voran die Frage nach der Sinnhaftigkeit unseres Lebens.

Es ist einfach enttäuschend, wenn man nicht das liefern kann, was man sich vorgenommen hat.

Ein fast verpasster Zug nach Hause, weil das Gespräch am Bahnhof mit einem Mitstudierenden so intensiv war, dass ich dabei die Zeit vergessen habe.

Ein imaginärer Rückblick als Achtzigjährige auf mein Leben, bei dem ich festgestellt habe, was ich für ein Glückskind bin und dass ich immer voller Dankbarkeit durchs Leben gegangen bin.

Wunderbare Abende in Berlin, die tanzend und singend beim Italiener geendet haben. Viel, viel zu laut und viel, viel zu falsch haben wir dort gesungen. So laut, dass der Padrone uns zu vielen weiteren Runden überredet hat.

Ehrliche Gespräche, viele traurige Momente, die mir wieder gezeigt haben, dass das Glück unseres Lebens darin liegt, Herausforderungen zu meistern.

Das Leben ist dadurch noch spannender als sonst. Und da ist doch so eine verpatzte Generalprobe Pipifax.

Gehen wir doch einfach noch einmal zum Anfang der Verhexerei zurück. Im September 2018 fühle ich mich nach einem langen Gesundungsprozess endlich wieder in meiner Kraft. Ich habe mich entschieden, meinen Beruf als Grafikdesignerin in Teilzeit auszuüben, und fühle mich bereit für neue Aufgaben.

Es ist so: Wer neu anfängt, wird reich belohnt. Durch neue Begegnungen, neue Impulse.

Wochenlang spreche ich mit Freunden und meiner Schwester. Was könnte mich noch ausfüllen? Und dann sitze ich an einem verregneten Septembersonntag auf der Couch und höre in einem Podcast das erste Mal den Begriff »Lifecoaching«. Coaching statt Couching. Und dann geht alles sehr schnell. Denn wenn mich mal etwas begeistert, bin ich eine Frau schneller Entscheidungen. Ich finde im Internet das passende Angebot und mit dem Button der Anmeldung zur Ausbildung drücke ich gefühlt meinen Resetknopf. Ich fühle viel Vorfreude, wie ein Kind zu Weihnachten, das durch das Schlüsselloch blickt und die verpackten Geschenke sieht.

Keine vier Wochen später sitze ich das erste Mal im Zug nach Berlin. Denn das Schicksal meint es gut mit mir: Das Ausbildungsinstitut meiner Wahl sitzt in Berlin. Eine Stadt, die für mich pulsierendes Leben verkörpert, und genau da hinein will ich mich ja wieder stürzen. Als der erste Ausbildungsblock naht, ist meine Aufregung groß. So groß, dass ich mich frage, warum ich nicht lieber weiterhin auf meiner Couch sitzen bleibe, um Podcast zu hören. Und überhaupt: Bin ich nicht viel zu alt dafür?

> Mache ich mich nicht lächerlich, wenn ich mit über 50 beruflich noch einmal neu anfangen will?

Aber angemeldet ist angemeldet. Für mich gibt es kein Zurück mehr. Ab jetzt gilt: Aller Anfang ist schwer. So schwer wie meine Tasche. Denn es ist Winter in Berlin und der ist immer furchtbar kalt und ich weiß nicht, was mich erwartet. Nicht nur wettermäßig. So richtig weiß ich auch gar nicht mehr, warum ich eigentlich den Resetknopf gedrückt habe.

In dem Ausbildungsjahr ruckelt es dann auch immer wieder: Zum Beispiel gleich am ersten Tag, als ich feststelle, dass die Mehrheit meiner Mitstudierenden tatsächlich »nur« zwischen 30 und 40 Jahre alt ist und nur drei weitere 50-Jährige sich nicht zu alt für einen Neubeginn in ihrem Leben halten. Auch die Reaktionen meiner Freunde auf meine neue Ausbildung sind überwiegend skeptisch. Bestenfalls noch desinteressiert.

Zudem ist jeder Ausbildungsblock anders und unberechenbar, wie eine Wanderung auf einem extrem schmalen Berggrat. Dabei kann ich nie vorab einschätzen, wie ich mich bei einem Stück der Strecke fühlen werde: von hochmotiviert und sicher, weil ich gerade wunderbare Frauen durch Übungscoachings kennengelernt habe, bis völlig verloren in der Riesenstadt, während ich mit Liefersushi in meinem Hotel vor dem Fernseher versauere.

Und an diesem letzten Wochenende vor dem Abschluss der Ausbildung bin ich auf dem Höhepunkt meiner Selbstzweifel angekommen. Nach der Chaostheorie habe ich mich durch meinen Veränderungswunsch in die maximale Instabilität katapultiert.

Dank meiner Anfangseuphorie bewege ich mich auf einem extrem schmalen Grat. Doch er ist so schmal, dass ich entweder Angst habe und wieder zurückgehe, oder noch schmaler, sodass ich auch einfach wieder auf die Couch zurückplumpsen könnte, von der ich gestartet bin. Und genau hier balanciere ich jetzt. Wie lange das noch gut geht? Das weiß ich leider nicht. Nennt sich ja auch Chaostheorie.

Und genau diese Zuneigung zu mir selbst und das Verzeihen brauche ich jetzt für mich.

Die Autorin Bronnie Ware hat aus den Interviews für ihr Buch *Fünf Dinge, die Sterbende bereuen* die Erkenntnis gezogen, dass Selbstliebe und Nachsicht mit sich selbst der Schlüssel für große Veränderungen im Leben seien. Und genau diese beiden Dinge brauche ich jetzt für mich.

176

Habe ich schon erwähnt, dass man mich buchen kann? Und zwar um als Coach Hilfestellung dabei zu geben, wie man damit zurechtkommt, wenn man in Prüfungen versagt hat? Da habe ich ja jetzt eine gewisse Expertise darin. Ob mich letzten Endes in der wirklichen Abschlussprüfung wieder ein Blackout überfallen wird? Das Ende ist offen. Aber das ist ja das Schöne an unserem Alter: Wir wissen, das Leben geht weiter, ob mit oder ohne Zertifikat. (Sabine)

In Momenten des Selbstzweifels sollte man sich daran erinnern, dass man immerhin sein Seepferdchen geschafft hat.«

SCANN MICH
MIT DER APP!

Alles ist gut, solange du wild bist

~~~~~

FUCK THE FALTEN

Ich oute mich: Ja, ich war eine Altersrassistin. Ohne es zu merken. Denn wenn man jung ist, sind Witze über das Altern ein großartiger Lacherfolg. Als ich 24 wurde, habe ich zusammen mit einer Studienfreundin ein Fest veranstaltet. Gemeinsam wurden wir 48 Jahre alt. Und der Titel unserer Einladung war: Schönheit im Verfall. Wir hatten auch noch zwei reifere Schauspielerinnen, denen wir ähnelten, aufs Cover gepackt. Diese Idee fanden wir witzig und cool. Viele unserer Freundinnen auch.

Mehr als 24 Jahre später – tatsächlich sehe ich der einen Schauspielerin inzwischen ein bisschen ähnlich – bin ich sensibel geworden. Sensibel für das Thema.

So ist es wohl auch mit Alltagsrassismus. Kaum ist man selbst betroffen ... wird man hellhörig. Und sensibel.

Ist es altersrassistisch, wenn paarungswillige Männer ab 50 sich mehrheitlich für deutlich jüngere Frauen entscheiden? Schwer zu sagen, doch nur die Männer dafür verantwortlich zu machen, dass Altersrassismus vor allem bei Frauen über 45 ein Thema ist, ist sicher nur ein Teil der Wahrheit. Trotzdem fühlen wir Frauen uns durch diese Form der Nichtachtung nicht mehr gesehen.

Weit mehr aber machen mich abschätzige Bemerkungen von Frauen über Frauen hellhörig, sobald Letztere ein gewisses Alter erreicht haben.

Sind wir nicht alle altersrassistisch, wenn wir Bilder in Magazinen oder im Netz anschauen mit zum Beispiel älter werdenden Schauspielerinnen vor und nach mutmaßlichen Verjüngungs-OPs? Und wenn wir uns darüber unterhalten, wie schrecklich verunglückt der Facelift von *Schlaflos in Seattle*-Star Meg Ryan oder Oscarpreisträgerin Renée Zellweger geraten ist.

Die wirklichen Heldinnen im Kampf gegen den Altersrassismus, sind das

Wir Frauen müssen selbstbewusster werden, um langfristig etwas an der Wahrnehmung vom Älterwerden zu verändern.

nicht Künstlerinnen wie die verstorbene Hannelore Elsner, Diane Keaton oder Helen Mirren, die ihr Alter nicht versteckt haben? Und ist es nicht schon wieder altersrassistisch, wenn ich ein Bild, das Helen Mirren ungeschminkt und mit nassen Haaren bei der Oscarverleihung zeigt, als »mutig« bezeichne?

In vielen 50plus-Blogs steht das Thema Anti-Aging im Vordergrund. Da wechseln sich Schwerpunkte wie »Nahrungsergänzungsmittel, die den Alterungsprozess verlangsamen«, »Welche Mode geht noch ab 50?«, »Microneedling«, »Kampf gegen Cellulitis« munter miteinander ab. Natürlich hat die attraktive Brünette, die all diese Möglichkeiten präsentiert, nicht vor, älter werdende Frauen zu verurteilen. Ist sie doch selbst in der Situation. Aber letzten Endes vertritt sie eine Antihaltung dem Altern gegenüber. Anti-Aging eben.

Der Jugendwahn schafft eine Gesellschaft, die Angst vor dem Altern hat. Und das trifft vor allem uns Frauen. Ist doch das Bild eines weiblichen Wesens in besonderer Weise an ihre Jugendlichkeit und damit an ihre Fortpflanzungsfähigkeit gekoppelt. Und wenn eine Frau sichtbar altert, dann zeigt sie offen, dass ihre Fruchtbarkeit erloschen und Leben vergänglich ist. Frauen ab einem gewissen Alter ins Abseits zu drängen, indem man sie nicht mehr so gerne wahrnimmt, hat offenbar viel mit einer Angst zu tun: der Angst vor dem Sterben, der Angst vor dem Tod.

Wenn ganze Blogseiten mit Anti-Aging-Tipps befüllt werden – ist das nicht die reinste Form von Altersrassismus?

Auch ich erinnere mich, dass es in meinem Leben immer wieder Phasen gab, in denen ich das Gefühl hatte, für irgendetwas schon zu alt zu sein. »Was, du bist 30? Und hast noch kein Kind? Keine Torschlusspanik?« Mit 30 Jahren – uuuh ist man langsam zu alt, um eine Weltklassepianistin zu werden... Mit 40 ist man langsam zu alt, um ein Kind zu kriegen und noch einmal von vorne anzufangen... Mit 50 ist es vorbei mit dem Finden eines neuen Partners und wer bis jetzt nicht genug in die Rentenkasse eingezahlt hat, darf mit Altersarmut rechnen. Und wenn das alles aber gar nicht stimmt? Solange wir Frauen aber Angst davor haben zu altern, sobald wir unseren 20. Geburtstag hinter uns haben, sind wir freilich noch weit davon entfernt, darin etwas Spannendes und Möglichkeiten zur Weiterentwicklung zu erkennen.

Allerdings fand ich auch einen Artikel einer großen deutschen Tageszeitung, in dem die Autorin sich explizit wünscht, dass Menschen – sie meint hier Männer und Frauen – ob ihres fortgeschrittenen Alters endlich mal die

Klappe halten sollten: »Ein Zeugnis echter Altersweisheit könnte ja sein, den Moment zu erkennen, in dem es ratsam ist, anderen die Bühne zu überlassen und nicht mehr überall mitquatschen zu wollen.«

Wie bitte? Umgekehrt müsste es ja dann auch heißen: »Könnte es nicht ein Zeichen von intelligenter Jugendlichkeit sein zu erkennen, dass man einfach noch nicht genug weiß, um überall mitreden zu können?« Nein, das könnte es nicht und wäre natürlich ebenso falsch und dämlich wie das Redeverbot für Ältere.

Ähnlich verhält es sich mit Verhaltensweisen oder Eigenschaften, die auch gerne mit dem Alter in Verbindung gebracht werden, sobald man mehr als drei, vier Dekaden auf dem Buckel hat. Wenn meine Schwiegermutter zu einem Termin zu spät kommt, denke ich schon mal: »Ui, jetzt wird sie tüdelig!« Wenn meine jungen Töchter einen Termin verschusseln, ist mein Gedanke hingegen: »Wie verpeilt kann man eigentlich sein?« Nehme ich meine Schwiegermutter aufgrund ihrer Lebensjahre nicht ernst, wenn ich sie zu einem neuen Hörgerät überreden will? Auch wenn sie partout keines will? Reihe ich mich nicht ein in die unzähligen, oft niedlichen, Anreden, die alte Leute von Wildfremden ertragen müssen? So wurde meine Schwiegermutter von einer Bedienung einmal gefragt: »Na, was möchte denn die Omi?« Wahrscheinlich nicht böse gemeint, die Frage ist nur, ob die junge Frau folgende Antwort normal gefunden hätte: »Na, was kann Mädelchen denn so empfehlen?«

Dieser Gedanke beschlich mich, als ich in der Pro-Sieben-Show *Late Night Berlin* hörte, wie eine knapp 40-jährige

Schauspielerin berichtete, wie schlimm ein alter faltiger Hals sei. So schlimm, dass ihr Freund sie, als sie für eine Rolle in die Maske einer 80-Jährigen geschlüpft war, gar nicht mehr anfassen wollte. »Soooo schlimm!«

Ja, ich finde es auch schlimm. Ich finde es schlimm, dass man sich über alte Frauen öffentlich gruseln oder im besten Fall auch lachen kann. Solange Personen öffentlichen Interesses – und dazu gehören Schauspielerinnen auch – damit in Talkshows punkten wollen, müssen sie sich nicht wundern, wenn sie mit Schildkrötenhals in einer nicht allzu fernen Zukunft keine Jobs mehr bekommen. Andererseits: Auch das lässt sich operativ beheben…

Solange es witzig ist, sich öffentlich über älter werdende Körper zu gruseln, ist die Abwertung gesellschaftlich akzeptiert.

Es ist ja nach wie vor Fakt, dass männliche und weibliche Charaktere auf Bühnen, in Film und TV altersmäßig völlig unterschiedlich gewichtet werden. So dürfen Männer ohne Weiteres bis ins hohe Alter große Rollen spielen, während weibliche Charaktere »ab einem bestimmten Alter« nur mehr selten mit spannenden Typen in großen Filmen oder Theaterstücken besetzt werden. Das ist weltweit bei vielleicht einem Dutzend Frauen der Fall. Und damit prägt die Medienlandschaft auch unser eigenes Bild vom Altern.

Immerhin hat sich das Alter, in dem Frauen nicht mehr öffentlich vorzeigbar sein sollen, mit den Jahren etwas nach hinten verschoben. Als meine Mutter im Jahr 1979 ihren 40. Geburtstag gefeiert hat, da gab es für die jetzt im Alter Angekommenen ein »Mutmach«-Buch mit dem schönen Titel *Endlich über 40*.

Heute, 40 Jahre später, sind wir einen Schritt weiter. Da darf eine fast 40-Jährige gut sichtbar im Fernsehen auftreten und öffentlich über 80-jährige Hälse lästern.

Ergo: Der erste Schritt in die richtige Richtung ist, dass wir Babyboomer jetzt selbstbewusst und sichtbar altern. So zeigen wir gemeinsam, dass wir trotz Falten oder grauer Haare weiter große, spannende Rollen auf der Bühne dieses Lebens spielen. Das gilt auch für die Frauen, die sich gegen das sichtbare Altern entscheiden und sich mit Dauerhilfe von Friseur und Anti-Aging-Spezialisten besser fühlen. Getreu dem Motto: »Wir sind immer noch die Alten – trotz unserer oder ohne unsere Falten.« (Sabine)

Ich wollte mich wirklich benehmen. Aber da gab es noch so viele andere Optionen.

ZIEMLICH BESTE FREUNDINNEN

Liebe Sabine,

da sitzen wir nun im Café und überlegen beide, wann wir uns das erste Mal bewusst wahrgenommen haben. Klar, es war am Tag unserer Aufnahmeprüfung für das Designstudium. Und unter all den 80 Prüfungskandidatinnen bist du mir sofort aufgefallen. Du warst einfach eine coole Socke und ich weiß nicht mehr, wer wen zuerst angesprochen hat, aber wir kamen ziemlich schnell ins Gespräch. Und ich weiß noch, dass ich dich wahnsinnig toll fand. Du warst unglaublich inspirierend und irgendwie hast du mich gefesselt, übrigens ein Zustand, der auch heute noch so ist. Aber dazu später.

Ich erinnere mich auch an das Glücksgefühl, als ich dich am ersten Tag unseres Studiums in der Menge entdeckt habe und mir dachte: »Gott sei Dank, sie hat es auch geschafft.« Ab diesem Tag waren wir praktisch unzertrennlich. Wir haben nahezu die gleichen Fächer belegt, unsere Projekte diskutiert, stundenlang telefoniert, um uns dann doch noch zu treffen. Wir hatten die gleichen Vorlieben für Kekse und Saft und die gleiche Abneigung gegen was auch immer. Wir fanden die gleichen Professoren doof und liebten beide die Aktzeichenkurse. In Summe: Wir verbrachten eine wundervolle Studienzeit. Du warst ständig bei mir und ich war ständig in deiner WG. Ich frage mich heute noch, warum wir eigentlich nicht zusammengewohnt haben?

Ich finde es faszinierend, wie unglaublich kreativ du bist, wie du vor Ideen sprühst und ständig neue Ansätze findest. Wie du es wieder und wieder schaffst, mich zu begeistern und nicht nur mich. Wenn du zur Tür hereinkommst und als Erstes sagst: »Uli, ich habe eine suuuper Idee ...«, dann weiß ich, jetzt kommt wieder was.

Und noch etwas schätze ich so sehr an dir. Ich liebe es, mit dir Gespräche zu führen. War immer klasse und ist es noch. Wir sind ganz sicher nicht immer einer Meinung, aber ich finde unseren Austausch wahnsinnig anregend. Und ich bewundere deine Gabe, mit jedem und allen in einen Dialog zu gehen. Du hast zu allem einen Standpunkt und das macht es unglaublich spannend.

Nachdem wir noch eine sehr intensive Diplomzeit erlebt haben, haben sich unsere Wege erst einmal getrennt. Du gingst nach Hamburg und ich nach München. Trotzdem hatten wir immer engen Kontakt. Und dann warst du plötzlich auch wieder in München und die Welt wieder in Ordnung. Zumindest kurzzeitig, denn auf einmal bist du aus meinem Leben verschwunden und ich wusste damals lange nicht, warum. Ich habe dich immer wieder kontaktiert und irgendwann aufgegeben. Dadurch habe ich eine wichtige Zeit in deinem Leben verpasst. Nämlich die Zeit, in der du deine beiden wundervollen Töchter großgezogen hast. Du hast leider auch die Zeit verpasst, in der ich meinen Sohn bekommen habe.

Irgendwann haben wir uns durch einen Zufall wiedergetroffen. Und es war ab der ersten Minute so, als ob die zehn Jahre Pause nicht stattgefunden hätten. Es war, als ob wir am Tag zuvor aufgehört hätten zu quatschen.

Ich habe darüber nachgedacht, wieso das so ist. Ich glaube, es hat etwas mit Vertrauen zu tun. Es ist eine Bindung oder ein Band, das wir in unserer Vergangenheit geknüpft haben und das nie verloren gegangen ist. Ich fühle mich unglaublich wohl in deiner Nähe und möchte dich nicht mehr missen, liebe Sabine. Du bist eine Bereicherung und ich freue mich über all unsere Projekte, die wir in letzter Zeit so auf die Beine gestellt haben und die uns natürlich auch verbinden. Und über die Zeit, die wir zusammen verbringen dürfen. Denn die Dinge können sich so schnell ändern, das weißt du am allerbesten. Und schon deshalb sage ich: Wie schön, dass es dich gibt!

Ich wollte mich wirklich benehmen. Aber da gab es noch so viele andere Optionen.

Yours, Uli

～～～～～～～

Boaaah, liebe Uli…
So schön deine Worte, dass ich sie mir am liebsten auf DIN A1 vergrößern möchte und aufhängen :)). Denn Großes haben wir schon immer geliebt, aber dazu später.

Was ist es, das langjährige Freundschaften am Leben erhält? Ich denke, es gehört die Gabe dazu, vergeben und vergessen zu können. Und darin bist du ganz große Klasse: Das hast du bewiesen, als ich mich nach über zehn Jahren Sendepause bei dir wieder gemeldet habe. Kein Wort des Vorwurfs, eher Freude, pure Freude.

Warum unsere Freundschaft damals in die Sendepause ging? Mir ist das Leben dazwischengekommen. Ich hatte meine erste Tochter bekommen, bin sozusagen zwischen all den Windeln, der Erschöpfung und den Emotionen im Chaos versunken und habe mich irgendwann einfach aus schlechtem Gewissen dir gegenüber nicht mehr gemeldet. Zu oft schon hatte ich nicht auf deine Anrufe geantwortet, die du während meiner Stillsequenzen und Babygeschrei auf den AB gesprochen hattest. Bis ich irgendwann gar nicht mehr wusste, wie ich mich jetzt wieder melden sollte. Wie ich mich erklären könnte. Und so sind tatsächlich fast zehn Jahre ins Land gegangen, bis du mir auf Facebook als Freundschaftsvorschlag gezeigt wurdest. Es war eigentlich kein Zufall, denn aus irgendeinem Grund wusste ein Algorithmus im Silicon Valley besser Bescheid über den Rhythmus unseres Lebens als wir selbst. Und dann hatte ich auf einmal wieder den Mut. Zu verbunden war ich innerlich mit dir, dass es mich nicht mehr interessiert hätte, wie dein Leben weitergegangen war.

Ich erinnere mich noch, wie furchtbar aufgeregt ich war, als ich dich als Freundin bei Facebook angefragt habe. Und wie erleichtert ich war, als du diese virtuelle Freundschaft angenommen hast. Vier Wochen später haben wir uns das erste Mal persönlich getroffen und sofort konnten wir wieder ohne Unterlass miteinander sprechen. Wir haben tatsächlich einfach da weitergemacht, wo wir Jahre zuvor aufgehört hatten – vielleicht ein bisschen vorsichtiger deinerseits, aber immer noch hattest du dieses große Herz und das Interesse für die Geschichten anderer Menschen. Und das, ohne etwas zu bewerten.

Und es braucht ähnliche Werte, Humor und Interessen, damit Freundschaften über die Jahre Bestand haben. Uns beide verbinden nicht nur ein ausgeprägter Familiensinn und unzählige Lachanfälle, sondern auch die Kreativität und die Liebe zu schönen Dingen. Nur dass die Schönheit bei dir, sei es beim Wohnen oder bei der Lust, sich zu stylen, um einiges ausgeprägter ist als bei mir. Denn im Gegensatz zu mir bist du eine Perfektionistin. Wie gerne war ich schon während des Studiums immer bei dir, weil einfach alles in deinem Zimmer schön war. Immer ein bisschen vertüdelt, aber genau das hat mich angezogen, denn ich war von jeher eher die Minimalistin. Und wenn ich heute bei Projekten schon lange aufgebe, bleibst du mit deiner Hartnäckigkeit dran, schaffst es meistens sogar, mich zurück ins Boot zu holen.

Groß haben wir beide immer gedacht. Ich erinnere mich, dass wir beide die größten Schachteln für unsere Diplomarbeiten abgegeben haben. Überflüssig zu erwähnen, dass wir diese beim gleichen Buchbinder haben machen lassen.

Im Gegensatz zu anderen Frauenfreundschaften, bei denen zumindest in jungen Jahren immer wieder auch Konkurrenzdenken aufkam, kann ich mich bei uns nur daran erinnern, dass wir uns immer unterstützt haben. So ist es auch heute noch. Wir kommen uns nicht in die Quere. Obwohl, manchmal schon… denn tatsächlich haben wir sehr oft den gleichen Kleidungsgeschmack. Ich denke da an ein braunes Safarikostüm, dass wir uns mit Anfang 30 unabhängig voneinander gekauft hatten. Nur hattest du natürlich gleich noch die perfekte Brosche und einen passenden Gürtel dazu…

Was könnte noch das Geheimnis dafür sein, warum wir unsere Freundschaft über all die Jahre erhalten haben? Ich glaube, es braucht die Bereitschaft, die andere bei Veränderungen zu unterstützen. Eine gewisse Flexibilität im Denken. Und auch große Neugierde für andere Lebensmodelle. Auch das verbindet uns.

Und jetzt haben wir wieder ein großes gemeinsames, aber wirklich ambitioniertes Projekt: Mit vielen Lachanfällen und vielen neuen Ideen gemeinsam alt werden. Auf dass es uns gelingen möge.

Alles Liebe, Sabine

FUCK THE FALTEN 3D!

Mit der GU MIND&SOUL PLUS APP kannst du die Autorinnen in Aktion erleben, während du dieses Buch liest.

Und so geht's:

1. App herunterladen
Lade die kostenlose GU Mind&Soul Plus-App im Apple Store oder im Google Play Store auf dein Smartphone. Starte die App und wähle dieses Buch aus.

2. Bild scannen
Scanne jeweils das Foto am Kapitelbeginn mit der Kamera deines Smartphones und klicke dann im Display den Button „Video abspielen".

Viel Spaß mit der Fuck-the-Falten-Videokolumne!

IMPRESSUM

© 2020 GRÄFE UND UNZER VERLAG GmbH, München

Projektleitung: Anja Schmidt
Lektorat: Anna Cavelius
Umschlaggestaltung und Layout: independent Medien-Design, Horst Moser, München
Herstellung: Susanne Fuhrmann
Fotos: Robert Eckert
Satz: Uhl + Massopust, Aalen
Litho: Longo AG, Bozen
Druck & Bindung: DZS Grafik, Slowenien

ISBN 978-3-8338-7175-7

1. Auflage 2020

Syndication:
www.seasons.agency

Liebe Leserin, lieber Leser,

haben wir Ihre Erwartungen erfüllt? Sind Sie mit diesem Buch zufrieden? Haben Sie weitere Fragen zu diesem Thema? Wir freuen uns auf Ihre Rückmeldung, auf Lob, Kritik und Anregungen, damit wir für Sie immer besser werden können.

GRÄFE UND UNZER Verlag
Leserservice
Postfach 86 03 13
81630 München
E-Mail:
leserservice@graefe-und-unzer.de

Telefon: 00800 / 72 37 33 33*
Telefax: 00800 / 50 12 05 44*
Mo–Do: 9.00 – 17.00 Uhr
Fr: 9.00 – 16.00 Uhr
(* gebührenfrei in D, A, CH)

Ihr GRÄFE UND UNZER Verlag
Der erste Ratgeberverlag – seit 1722.

GRÄFE UND UNZER

Ein Unternehmen der
GANSKE VERLAGSGRUPPE

 www.facebook.com/gu.verlag